変革型経営コンサルタントの実践教科書

クライアントの課題を解決するための思考法と提案力

MANAGEMENT CONSULTANT

森 泰一郎
TAIICHIRO MORI

日本能率協会マネジメントセンター

はじめに

　コロナショックから直近のウクライナ問題まで、世の中が大きく変化しています。急激な円安により原材料や燃料など輸入製品の値上がりや、製品不足がおき、日本企業は大きなダメージを受けています。

　2022年8月8日に公表された帝国データバンクの「物価高倒産」動向調査では、2022年1月から7月までの「物価高」による倒産は過去5年で最速のペースに上るということです。

　これは何も消費者サービスを提供する企業だけでなく、運送業や建設業、製造業などであっても収益を毀損していることを指します。

　またコロナ禍が長引くことで、デジタル化が急速に進展しているのは周知の通りです。

　ECでの商品購入が増え、非接触での接客、営業が当たり前になり、サブスクリプションやSaaS（Software as a Service：サービスとしてのソフトウェア）といったビジネスモデルを導入する企業が増加していることは読者であればすでにご存知でしょう。

　働き方もコロナ禍で多様化。

　正社員という従来の働き方だけでなく、フリーランスや副業・兼業など新しい雇用形態も認められるようになってきています。政府も副業やフリーランスを支えるための制度構築を急速に行っており、メガバンクや大手メーカーといった旧態依然とした企業が率先して副業社員を生み出すようになりました。

　このような環境下で、これまでのビジネスのあり方やビジネス領域、組織全体を変革したいというニーズが増加しています。しかしこれらのニーズはわかっていても企業が自社でできることはあまり多くありません。その理由の詳細は本文に依りますが、変革のスキル不足に加え、自身で自身を変革することが難しいためです。

　そこで、外部のコンサルタントにコンサルティングの依頼をするケースが増加してきています。

大企業のケースにはなりますが、日本経済新聞とドイツの調査会社スタティスタがまとめた「2022年の経営コンサルティング調査」によると、大企業幹部の33％が4年前と比べてコンサルティングの利用が増加したと答えています。一方で減少させたと答えた幹部は18％しかおらず、年間2件以上の依頼する企業が58％も存在しています。

　そのコンサルティングの依頼内容としては、戦略やDX推進など、先程述べたような「いかに会社を変革するか」という新しい世の中に対応するものになっています。

　具体的には、デジタル・DX推進が46％、経営戦略策定が33％、データ分析・ビックデータ解析が28％となっており、企業はビジネス環境の変化の中で、自社を変革することをコンサルティングファームに求めていると言えるでしょう。

　また中小企業においては、2020年版中小企業白書において、IT系の企業では60％、その他の業界では30％程度の企業が外部人材を活用していると述べています。

　ただし、クライアントが求めるイマココのテーマは上記のとおりだと思いますが、その提供方法は変化しています。

　コンサルティングを歴史については、並木裕太氏の『コンサル一〇〇年史』（ディスカヴァー・トゥエンティワン）など優れた別書に譲りますが、ただレポートを提供するという従来型の戦略コンサルティングや、過去の経験を元に口を出して終わりというような顧問型コンサルティングでは価値を創出することは難しくなっています。

　更には一部のトップの戦略系コンサルティング会社を除き、コンサルティング会社と呼ばれる会社が行っていた「クライアントの課題に対してリサーチ／分析をして、パワーポイントを作って終わり」、という調査サービスにも、1千万円以上も払って依頼するニーズはなくなってきているように現場感覚として思います。

　では、どんなことを求められているか。

　顧客のニーズを叶えることということになりますが、会社を実際に変

えるための参謀機能、つまり会社変革のためのコンサルティングである
と思います。筆者はこのコンサルティング領域を「変革型コンサルティ
ング」と呼んでいます。

　筆者自身についても、コロナ以前まではどちらかというと従来型のグ
ローバル・リサーチやベンチャー企業の成功事例等を元にした、新規事
業開発／M&Aなどの戦略コンサルティングをメインで行っていました。

　しかしながら、コロナを機に「アフターコロナ」シリーズを翔泳社か
ら発刊。それ以降は本書でお伝えするような変革型の経営コンサルティ
ングというコンサルティング手法を開発し、提供しています。

　特に直近1年では、クライアントだけでなく、これからコンサルティ
ングサービスを立ち上げたいIT・通信系の企業、コンサルティングノ
ウハウを強化したいリサーチ会社やITコンサルティング会社、などか
らも依頼を受け、ノウハウを提供したり、その会社用のパッケージを共
同開発したりするようにもなってきています。

　加えて、地方の政令指定都市で講演会を依頼いただくことも多いので
すが、中小企業向けの新規事業開発や組織変革などの変革に関する講演
テーマは非常に人気があります。

　したがって、士業をされていてコンサルティングのメニュー提供され
たい方、コンサルティングファームや大手企業などを独立してコンサル
ティングをする方にも本書の内容は価値があるのではないかと考えてい
ます。士業の方には特に顕著でありますが、既存の士業業務ではフィー
が固定化されており、収入を上げにくいためです。

　したがって、実際にクライアントを変えることで目に見えた成果を出
して感謝され、信頼を獲得する。相応のフィーを長く受け取ることで、
収益も上がり、かつ本業の差別化にもなる。こういったサイクルが期待
されます。

　他にも中小企業に向けてサービスや製品を提供している企業にもコン
サルティング事業を立ち上げたいというニーズは多くあります。実際に
筆者も大手企業にコンサルティング部門立ち上げの支援をしていますが、
差別化要素としてのコンサルティングサービスが必要とされてきていま

す。

　そこで、本書は大手企業から中堅・中小企業まで幅広く企業変革型コンサルティングを提供してきた筆者が持つノウハウや知識を提供することで、これから企業、もしくはご自身で特に戦略系と呼ばれる領域でコンサルティングサービスを提供したいと考える方のマインドセットやスキルアップに貢献することを目的とします。

　具体的には、第1部では総論編として変革型経営コンサルティングの意義やスキルなどを解説した上で、第2部でコンサルティングテーマごとの進め方について、筆者の利用するフレームワークなどもご提供しながら、事例を用いて実践的な解説を行います。

　本書ではコンサルタントを目指す方、これから一層のスキルアップを行いたい方をターゲットとしていますが、一般的なビジネスフレームワークを解説したり、ロジカル・シンキングやロジックツリー、パワーポイントの作成スキルについての解説を行ったりするようなことはしません。

　それらは優れた類書に譲り、著者がコンサルティングを行う上で、頭に入れている前提知識やノウハウ、考え方といったものを、なぜそのように考えるのかという背景・理由を含めて丁寧に解説していきます。

　したがって、これまでコンサルティングやロジカル・シンキングなど関連する著作を読んでこられた方、それらを読んだけどどうにもコンサルティングスキルが身についたとは思えなかった方でも、十分に役立っていただけると考えています。

　紙面の都合上、すべてのテーマを突っ込んで解説することは難しいのが実情ですが、今までやったことないコンサルティングであったとしても、進め方や勘所を理解しておくことで、スムーズにコンサルティングを提供していくことができるでしょう。

　では、第1章から変革型コンサルティングが重要となる背景、変革型コンサルティングの意義について具体的に見ていきましょう。

第2章 変革型経営コンサルタントの3つの武器 47

第2部 ケースで学ぶ コンサルタントの必須スキル

第5章 営業改革プロジェクト推進法 …………… 141

第6章　業務改革プロジェクト推進法　171

第7章 新規事業開発プロジェクト推進法

第 **1** 部

これからの
コンサルタントの基礎

変革型経営コンサルタントが活躍をするためには、①変革型経営コンサルタントに対するニーズを理解し、②変革型経営コンサルタントに求められるスキルを満たす必要があります。

　第1部では、なぜ変革型経営コンサルタントが求められているかを解説した後、変革型コンサルタントに必要なスキルを論点設計からフレームワーク、業務管理まで体系的に解説します。

第 1 章

変革型経営コンサルタント
になろう

日本企業は変革の波にさらされながらも、資本の論理が弱く、変革人材も揃っていないため、自社だけでは変わることは難しいのが現状です。そのため、変革をリードできる外部視点を持つコンサルタントの存在が重要になります。変革型経営コンサルタントは、論理とデータと現場感覚を持つ必要があり、クライアントの規模と課題ごとに、最適なコンサルティングを提供することで大きな価値を提供することが可能となります。

1-1 なぜ今、変革が重要なのか

　本節では、なぜ今、変革が重要なのかという内容について、「はじめに」において解説した内容よりも、少し突っ込んだ解説をしておきたいと思います。

　読者には当たり前の内容も入っているかと思いますので、日本のマクロ経済環境に詳しい方は読み飛ばしていただいてもかまいません。

　それでもなぜ紙面を割いてここで解説を行うのかというと、企業の若手層の方やこれまでコンサルティング分野を担当していない部署／職種の方、士業の方などがクライアントと話をする際に困るのは、ビジネスの前提知識がそもそも少ないことだ、という話を多くのクライアントで見聞きしてきたからです。

　経営者・企業幹部と対等に話をする上で、そのバックグラウンドとなる経済や経営の知識がなければ、話に着いていくことができません。

　「物価高だから」「円安だから」「競争が激しい」「人手不足だ」「人口減少だから海外に打って出よう」というよくある企業経営者や経営幹部の発言を聞いたときの反応が変わるでしょう。本当にそれがこの企業の課題なのか？　ほかに根本的な課題があるのではないかということに気がつくはずです。

　これは変革型コンサルタントに限らず、コンサルタントは、

①そもそも経営者が課題に抱えているものの背景にはどういうことがあるのか。それは本当に重要なのか。

②この業界には影響がそもそもあるのか、影響があるとしてどの程度長く、強く影響するのか。

③具体的にはどんなアクションの方向性が考えられるのか。

といった観点からその場で深いレベルではなくても、会話ができる程度には理解しておく必要があります。

本書ではそのすべてを解説することはできませんので、考えるための大きな道筋とそれらの関係性について解説をしておくにとどめます。

◆日本企業が変革を求められるマクロ要因

まず本節では日本企業が変革を求められるその背景をマクロ要因から、次節ではミクロ要因から整理していくことにしましょう。更に1-3節でこれらを踏まえた変革型コンサルタントの存在意義と価値について解説し、本章の最後に、変革型コンサルタントの顧客像とはどのような顧客なのかを解説していきたいと思います。

上記の流れを図で説明すると、図表1-1のようになります。

日本企業が変革を迫られるマクロ要因については、大きく分けて、

①テクノロジーの進化スピードの高速化と低価格化

②成長を続けるグローバル環境の緊密化

③得意とする市場での超少子高齢化による人口減少

の3つに分かれます。

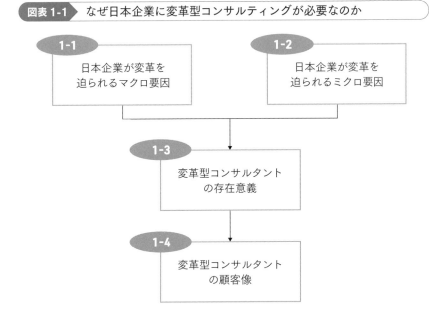

図表 1-1 なぜ日本企業に変革型コンサルティングが必要なのか

まず、①テクノロジーの進化スピードの高速化と低価格化です。

実はこの①の要素が②のグローバル環境の緊密化にも影響を与えています。

Window's95から急速に進化を遂げてきたテクノロジー技術ですが、直近のテクノロジーの進化を高速にしているのは実は、クラウド化とシェアリングです。

TIRコンサルティング・グループの代表でメルケル元ドイツ大統領のアドバイザーも務めたジェレミー・レフキン氏は『限界費用ゼロ社会』（NHK出版）の中で、アメリカの急速なスタートアップブームを支えるのは、Amazonやマイクロソフトを代表とする企業のクラウドサーバーであると述べています。

クラウド化（とAmazonやマイクロソフトのサーバーをシェアリングするという意味でのシェアリングという概念）の技術が登場するまで、これまでスタートアップを始めるとなると、20万円するパソコンを用意し、何十万円もかけて自社のサーバーを構築することになるので、100万円は起業に必要でした。

一方で、クラウドサーバーの登場により、大学生でもアンドロイドの格安スマートフォン1台とクラウドサーバーを借りれれば、10万円からでもスタートが可能になりました。

このことによって、爆発的にスタートアップが登場。その死屍累々の中から、明日の世界を変えるようなスタートアップ／ベンチャー企業、例えばByteDance（TikTok運営元）やECサービスを展開するInstacartなどが綺羅星の如く登場し、世界市場を席巻するようになりました。

◆テクノロジーの進化と株式市場の変容

同じく、テクノロジーの進化の高速化は株式市場にも大きな影響を与えています。

これまでの個人やプロの機関投資家だけでなく、一瞬の価格上下を捉えて短期的なトレーディングを行う投資家が大きな取引シェアを占めるようになってきています（この現状と問題点についてはマイケル・ルイ

ス著『フラッシュ・ボーイズ』（文藝春秋）をご覧ください）。

　そのため、グローバルに関連する為替が昨今のように乱高下したり、特段のネタがないにも関わらず株価は大暴騰、大暴落したりするということが起きるようになってきているのです。

　更には、iPhoneを始めとするスマートフォンの超高性能化がそれを後押ししています。

　iPhoneの登場により、これまでPCでしかできなかったような、高度なプログラム処理、映像処理が可能となりました。これにより、既存のスマートフォンメーカー、特にAndroidを提供するGoogleの開発が本格化。

　スマートフォンの基盤である半導体メーカーの開発競争も激化した結果として、現在のような、スマートフォン1つで何でもできるという世界が登場しました。

　このようなテクノロジーの進化の高速化と低価格化は情報の流通コストを下げるだけでなく、流通スピードと質を上げることに役立っています。

　これまでは海外の情報を得るといえば、新聞やWEBの記事という非常に情報量が少ない情報に頼っていましたが、現在では動画サイト等で一瞬のうちに海外の情報が動画という非常にリッチな情報形態で入手可能です。

　海外ではやっている食べ物や映画、事件などが一瞬で、しかもGoogleなどの字幕機能により日本語でも理解可能です。

　もしここまでテクノロジーが進化していなければ、ロシアがウクライナに侵攻したことも「ロシアがまた領土問題を抱えている」程度にしか受け止められなかったでしょう。

　世界中からウクライナの現状が動画ベースでリアルに伝わることで、日本の世論にも「日本もいつかこうなるかもしれない。国防をどうするのか」という大きく影響を与えただと考えられます。

　このように①のテクノロジーの進化スピードの高速化と低価格化が②

成長を続けるグローバル環境の緊密化に強く影響を与えています。

　つまり、これまで緩やかに繋がっていたグローバル環境がテクノロジーによってより強固につながることで、日本という島国にも大きく影響を与えるようになっているということです。

◆グローバル経済と経営キーワード

　少し古い本にはなりますが、MITの著名経済学者でグローバリゼーションの専門家である、レスター・C・サロー教授は2004年に出版した『知識資本主義』（ダイヤモンド社）の中で、テクノロジーの進化とグローバリゼーションにより、アメリカの過去の経済危機は平均して7年に1度起きており、そのペースは徐々に早まりつつある、とも指摘しています。

　経済のつながりは強くなっており、ヨーロッパで先行して問題となっていた、個人情報保護に関する規則（GDPR、General Data Protection Regulation：一般データ保護規則）がアメリカや日本にも普及。それによってIT企業や広告／メディア企業のビジネスのあり方が変わってきています。

　他にも、ESGやSDGs、それらを含めたEV化や脱炭素の流れといった環境保護の考え方も、同様に環境保護を強く訴えるヨーロッパやカナダを中心に広がり、国連やダボス会議などのグローバルな会議を経てアメリカへ普及。それが日本にもグローバル・スタンダードとして広がってきています。

　我々が昨今耳にする経営上のキーワードは、このような背景で広がってきているということを理解いただくには良い例ではないでしょうか。

　また、テクノロジーが今ほど進化する以前のリーマン・ショックの際には、日本企業はアメリカの投資銀行からサブプライムローンを買っていないし、あくまでアメリカ国内の話でダメージはないと言われながら非常に大きな経済ダメージを受けました。

　今回のコロナ禍は単純なビジネス面だけでなく、病気の蔓延という側

面があり、リーマン・ショックとは同じように比較することはできません。

　しかしながら、このような経済危機は今後もどこの国で起ころうとも確実に、そして急速に日本経済にダメージを与えることはコンサルティングを行う上で、理解しておく必要があります。

　そしてその今後必ず起こる環境変化に柔軟に対応し、前回のリーマン・ショックや今回のコロナショックで倒産しないような企業へと変革することが企業には求められることは間違いありません。

　その変革は、半年や1年といった短期でできるような簡単なものではありませんから、2〜3年という時間本腰を入れて次に備える準備をしていけば、5年〜10年以内にきっとやってくる大きなショックにも耐え、成長していける企業に生まれ変われるというのが筆者の考え方です。

◆超少子高齢化は市場に明らかなマイナス

　最後に③得意とする市場での超少子高齢化による人口減少です。

　これは日本国内で急激に進む少子高齢化はもちろんのこと、日本企業が商品販売を行っている、多くの先進国や中国・韓国などエマージング・マーケットで該当する現象です。

　中国でも長引く一人っ子政策で、子供の数が極端に少ない状況から、人口がピークアウトし、人口減少の方向へ傾いています。

　2022年7月21日に行われた中国人口学会の年次総会では、「2021年〜2025年の期間中に人口減少の局面に入る」と中国国家衛生健康委員会人口家庭司の楊文庄会長が明言しています。それほど中国政府としては、人口減少は中国経済において重要な問題であるということでしょう。

　また前後する2022年7月11日に発表された国連の人口統計によれば、中国の総人口のうち、60歳以上の比率が2024年には20.54％に上るという日本人からすると衝撃的な数字が発表されています。

　ちなみに日本はといえば、国立社会保障・人口問題研究所「日本の将来推計人口（平成29年推計）」によれば、2025年に65歳以上人口は30.3％になるといわれていることから、中国の統計を60歳以上としてい

ることから、アメリカと同程度にまで高齢化が進んでいると言えるでしょう。

図表1-2を見ていただくと、日本に限らず、日本企業がこれまで得意としてきた中国や韓国、ヨーロッパなど、アメリカを除く市場では、少子高齢化によって、徐々に市場が伸び悩んできています。

その中で、従来と同じものを売っていけるのか。別の商品を開発したほうがよいのか、はたまた市場を変えて伸び盛りの東南アジアやアフリカなど別の市場に今からチャレンジした方が良いのか。

このような非常に戦略的な意思決定に、超少子高齢化という問題は影響をしてくるのです。

①～③をまとめると、日本企業が変革を迫られる要因としては、マクロ環境が急速にこれまでと違う形で変化しているということです。

そして、それはテクノロジーだけでなく、為替の問題や戦争の問題だけでもなく、人口減少だけの問題ではない。すべてが関連しあって（inter-connected）、起きているということです。

これらはまた、不可逆的であり、もとに戻ることはありません。

これについては、筆者がよくセミナーで解説をするスライドから1枚の図表をご紹介します。

図表1-3は2000年以降に起きた、世界的な経済危機後に各業界の時価総額No.1企業にどのような変化があったのかをまとめたものになりま

図表1-2 各国の高齢化の状況

カテゴリ	日本	アメリカ	イギリス	中国	韓国
年度	2025	2025	2025	2024	2030
構成年齢（歳以上）	65	65	65	60	65
比率	30.3	17.3	19.8	20.5	24.5

出典：内閣府「令和2年度高齢社会白書（全体版）」、韓国統計局「将来人口特別推計」2019年

図表 1-3 経済危機と時価総額No.1企業の変化

	ドットコムバブル	リーマンショック	コロナショック前
自動車	GM	上海汽車集団	トヨタ
金融機関	シティ・グループ	JPモルガン・チェース	JPモルガン・チェース
メーカー	GE	P&G	Apple

す。

　見ていただく通り、2001年のドットコムバブルから2008年のリーマン・ショックまでは7年、そこから2020年のコロナショックまでは12年間あります。

　12年間というと、日本企業で言うところの中期経営計画より長い程度の時間軸ですが、その時間軸の中で、覇権が移り変わっているのです。

　故ハーバード・ビジネス・スクールのクレイトン・クリステンセン教授の「イノベーションのジレンマ」[1]で指摘されているように、たしかにテクノロジーの変化で業界の覇権争いが変化することはあります。

　しかし、この図表を見ていただいたとおり、テクノロジーが大きく変化していない業界においても、危機への対応力と、その後の変革力の巧拙によって、覇権争いが変わるということがみてとれます。

　だからこそ、先に述べたとおり、今から次の危機までに日本企業は変革を起こし、次のチャンスでは勝っていけるように変化しならなければならない、ということなのです。

　これが、日本企業が変革を迫られるマクロ要因となります。

1　実際の英語訳は「イノベーターのジレンマ（Innovator's Dilemma）」であり、こちらの方が、クリステンセン教授が解説したかった内容を正しく伝えていると考えられます。イノベーターが既存顧客・既存技術を重視すべきか、新顧客・新技術を重視するのかのジレンマに苛まれ、敗退していくというメカニズムが、クリステンセン教授の議論の骨格だからです。

1-2 変革が苦手な日本企業の背景

　前節では、日本企業が今まさに変革を迫られるマクロ要因として、①テクノロジー、②グローバル化、③超少子高齢化の3つの観点を解説しました。

　本節では、日本企業が変革を迫られるミクロ要因として、日本企業が変革を苦手とする背景と、それが示す変革の時間軸（リードタイム）について解説をしていきます。

　筆者はこの背景を3つの要因から理解しています（図表1-4）。

　まず、みなさんもご存知のミスミグループ本社名誉会長の三枝匡氏が1994年に出版した『経営パワーの危機』（日本経済新聞出版）は、日本企業の変革力が落ちている要因（経営パワーの危機）は、日本企業のミドル層の弱体化にあると指摘しています。

　三枝氏の指摘によると、高度経済成長期には、若手層からミドル層まで、大変だが成長できる様々な経験、例えば子会社の立て直しや海外子会社のいざこざを解決する等を経て、修羅場をくぐり、経営視点での意思決定能力を磨いていった。

　一方で1990年代のバブル崩壊以降、縮小均衡の号令がかかり、その

図表 1-4　日本企業が変革を迫られるミクロ要因

要因1	要因2	要因3
変革をリードするミドルの減少	変革を促す株主パワーの不足	外部人材（外者）を嫌うムラ文化

結果

日本企業の蛸壺構造

ような修羅場を経験しながら、成長していく機会が減ってしまっている。だから、会社の経営幹部や若手エリート層に、会社の変革をリードするような骨太な人材が構造的に育たなくなっているということです。

　三枝氏の考え方を正とすると、日本企業はいつの間にか、若手～ミドルがチャレンジする場がなくなり、構造的に変革を行うことができる人材を育てられていないということが要因であると言えます。

　この点三枝氏と同様に、優れた経営者がどのような経験を積んで、どのような経営上の意思決定をしてきたかを調査している神戸大学教授の三品和広氏も『経営は十年にして成らず』（東洋経済新報社）の中で、偉大な経営者は大成する上で、一皮むける経験が重要であったことを指摘しています。

　一方でこれらの指摘は日本企業でなくても成り立つ可能性があり、必要十分条件であるとはいえません。良質な経験、一皮むける経験がなければ、変革を行うリーダーが育たないということは、どこの国の企業でも共通しているからです。

◆株主パワーの低さが日本企業の変革を困難に

　では、そこにどのような日本企業固有の問題があるのでしょうか。それは、株主のパワーの低さと、それに伴うリストラクチャリング（組織構造の再編）の難しさにあると言えます。

　日本は正社員の解雇規制が厳しいという話はよくされますが、それはあくまでオペレーションの話です。

　成績が悪いとか、業務態度が悪いといった従業員を数十人解雇できるようになったところで、会社の明暗を分けるようなことにはなりません。

　この事業を続けてもいいのかと経営者が考えたときに、アメリカであれば株主のパワーが強いため、資本効率（ROIC）が最重要になります。そのため、資本効率が低い事業をまるごと売却したり、従業員を大量に解雇したりすることを行うことが多くあります。

　先の時価総額ランキングでも登場したGE（ゼネラル・エレクトリック）は、もともとエジソンが創業した電球メーカーです。

しかしながら本業の家電部門は2016年に中国のハイアールに売却。現在はヘルスケアと航空、電力などの事業を主力としています。

ちなみにGEはリーマンショック前、金融事業が非常に強かったのですが、リーマンショックで業績が悪化し、現在はリーマンショック前を下回る水準です。

ちなみに2021年12月3日付のWall Steet Journalによると、GEから家電部門を買収したハイアールは1700億円を追加投資し、アメリカの従業員数を1.2万人から1.5万人に増員。買収から6年を経て、確実に拡大攻勢に出ています。

GEのプレスリリースによると、家電部門の売却によって、1株あたり税引前当期利益は0.2＄上昇。この売却はGEの株主にとっても、ハイアールの株主にとっても、素晴らしい取引になったのです。

さらには事業だけでなく、経営者が交代させられたりすることも当たり前のようにあります。

創業者のスティーブ・ジョブズが取締役会で業績不振のAppleをクビになってしまったことをご存じの方も多いでしょう（その後、奇跡的に復活し、今のAppleを築き上げたこともご存知でしょう）。

しかし、日本は株主が経営者を退陣させたり、特定の事業を売却するように促したりすることが非常に難しくあります。

所有と経営は分離しているはずなのに、経営者のパワーが強く、株主が外部から強制的に変革を促すことが難しくあるのです。

経営者でなくても、人間誰しも、自分がやってきたことを真正面に受け止めて変化をすることは難しくあります。

◆「人、性善なれど性惰性なり」という真実

元マッキンゼーのコンサルタントで企業再生のプロである稲田将人氏は企業変革を描いた小説『戦略参謀』（ダイヤモンド社）で、経営変革おいて理解すべきキーワードとして「人、性善なれど性惰性なり」と述べています。

人間はだれも変革の邪魔をしたくはない。だが、まだ今じゃなくてもいいか。このままでいいか。という惰性の心がある。これが変革を妨げる、と述べています。

　だからこそ、日本企業は基本的には変革を行うための自助努力をするか、倒産の危機に瀕するか、よほど大きなバッシングを受けるような危機が起きなければ、変革が難しいのです。

　更には図表1-4の要因3に記載した、外部人材を嫌がる村社会的な発想が日本企業に根強いことも変革を阻害している要因と言えます。

　日本企業特有の慣行として、新卒一括採用と本社からの子会社出向があります。長らく新卒一括採用を行ってきたことで、多くの企業は経営者も企業幹部も新卒からの叩き上げが中心になっています。

　そのため、変革をリードするような人材を外部から登用しようとしても、外部の人材をうまく使うための人材制度もなければ、風土もありません。

　人材制度としては、自社にいないような優秀な人材であっても、社内の全員がほとんど同じ給料テーブルになっているので、ハレーションを防止するために、彼らを高待遇で処遇することができないという問題があります。

　アメリカの企業であれば、このような人材は2～3年で改革を完了すると出ていくことが多いので、2～3年、高い処遇を行っても問題ないのですが、日本企業だとその後も採用し続ける前提になっているため、高給を出しにくいという問題もあります。

　また給料ではなく、株式やストックオプションといった金融報酬を支払うことも日本企業は積極的とは言えません。

　一方で、子会社などには親会社から出向でやってくる人材が多くいます。そうすると、彼らは数年で戻っていくことになるので、何も自分がいるうちに、わざわざ変革を起こすということにチャレンジする必要がないのです。

　これらの3つの要因が重なり合った結果として、図表1-4に記載した

日本企業の変革を拒む蛸壺構造という結果を生じさせます。

◆日本企業にはびこるチェンジモンスター

この変革を拒む蛸壺構造についても様々な書籍が出版されていますが、筆者が最も腑に落ちているのは、2001年にボストン・コンサルティング・グループ（以下BCG）のジーニー・ダック氏が出版した『チェンジモンスター』（東洋経済新報社）です。

チェンジモンスターとは、変革を邪魔する阻害要因のことです。チェンジモンスターは改革のフェーズごとに姿を変えて登場します。

『チェンジモンスター』では人間関係のもつれや先代経営者の神格化、自分の縄張りだけを守ろうとする意識といった阻害要因が積み重なり、今ココの変革を妨げる要因になることを軽視しがちだと指摘しています。

コンサルティングファームの出版した書籍でありながら、MBA卒ではなく、芸術の修士号を取得した筆者らしく、人間の心理に入り込み、企業の変革に関する優れた考察を行っています。

更には本書の内容を解説した「チェンジモンスター」というBCGの2002年の論考集があります。素晴らしい論考集ですので、変革型コンサルタントを目指す読者にはぜひインターネットで原文をご覧頂きたいと思います。

この論考では、なぜ日本企業がチェンジモンスターを対処できないのか、その理由を4つ説明しています。

①経営の「モノサシ」が相対的で曖昧なため、改革発動が遅れる

②改革へのコミットメント不足、覚悟不足

③改革のプロ、手法不足

④改革へのインセンティブの欠如

の4つです。

筆者が上記で説明した通り、アメリカのように目指すべき経営指標（ROIC等）を明確に持たず、改革を実現する経営者の待遇面でのインセンティブが薄く、だから本気の人材が育たないという構造は同じであると言えます。

以上のように、日本企業は構造的に変革を起こすことが難しい環境にあります。そのため、変革を行うとしても一朝一夕でできるようにはなりません。

　時間軸としてはマクロ要因で説明したのと同様に2〜3年、場合によっては5年程度かかることもあると考えられます。

　経済危機は数年〜10年程度で1回起きることは先述した通りですから、コロナショックをうまく乗り越えた、といってうかうかしている時間はないのです。

　今後もテクノロジーの進化は加速し、グローバル化は進み、得意とする市場は衰退していく。

　このような中で、一刻も早く企業は変革を起こさなければならない。次の機会に備える時間はあまり多く残されていないのです。

変革型経営コンサルタントの存在意義

　以上でご説明してきたように、日本企業はマクロ要因、ミクロ要因の両方の観点から変革待ったなしの状況にあります。

　しかしながら、やはり人間ですから、一部の経営者を除いて、自分で自分のこれまでの行いを見つめ直して変革を起こすことがどれだけ難しいのかということは、経営の世界だけでなく、ローマ帝国や中国の歴史が指し示しています[2]。

　むしろ優れた経営者になればなるほど、自身の成功に縛られてしまい、変革が難しいというような側面もあるかもしれません。

　そこで、外部から変革を時には前方で、時には後方でサポートする変革型経営コンサルタントが求められるのです。

　先述の稲田氏は『戦略参謀』の中で、自助努力で変革が難しい企業を変えていくには、外部のコンサルタントが厳しく、まるで「憑き物落とし」のように論理とデータ、そして正しい現場感覚で、組織の中に切り込んでいくことが重要であると指摘しています。

　つまり変革型経営コンサルタントは、いわゆるコンサルティングファームが行うような、現状のデータを分析したり、海外事例や他業界の先進事例を集めたり、顧客やベンダーへインタビューをし、それをレポートにまとめて、示唆を出すということにとどまらないと言えます。それよりも顧客と一緒に頭も体も汗を書いて、以下に変革を成し遂げるのか、それをサポートすることが役割だと言えます。

　これらのことも現状分析と変革の方向性を示すために行うフェーズはありますが、それ以上に、変革への道標を経営者や企業幹部と描き、時

2　この考え方から、筆者としては、変革型経営コンサルタントは、複雑な統計データやAIを扱うよりも、人間心理や歴史観といったより大局的な教養のほうが重要だと考えています。複雑な統計データやAI分析などは必要なタイミングで必要な専門家に任せればよいのです。

にはがっぷり四つで、時には付かず離れずの距離感で、論理と組織の感情、現場感覚の3つでもって、サポートしていくことが変革型経営コンサルタントの存在意義となります。

◆変革型経営コンサルタントの存在意義

図表1-5を見ながら、変革型経営コンサルタントの存在意義について詳細に解説していきましょう。

まず最上段は変革型経営コンサルタントが頼りとするインプットです。先述の通り、3つのインプットがあります。

1つ目に、正しい論理です。

自分の経験だけで判断する一人よがりの論理ではなく、かと言って顧客の言うことをすべて真に受けるのでもなく、クライアントは何をすべきなのか、現状はどうなっているのか、それはなぜなのか、を正しい論理でつなげ、相手に納得してもらう必要があります。

一般的にコンサルタントというと、ロジカルシンキングやパワーポイントスキルというイメージがあるかと思いますが、それらはあくまで正しい論理を構築するためのツールにすぎません。

ロジカル・シンキングを磨きに磨いて、ものすごくきれいなパワーポイントを作れるからといって、コンサルタントとして正しい論理で相手

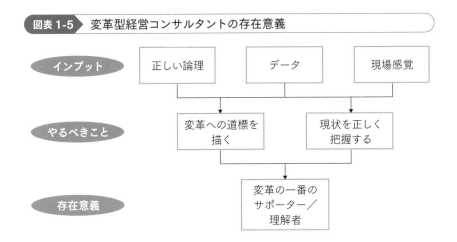

図表1-5 変革型経営コンサルタントの存在意義

インプット　　正しい論理　　データ　　現場感覚

やるべきこと　　変革への道標を描く　　現状を正しく把握する

存在意義　　変革の一番のサポーター／理解者

に納得してもらい、相手を「動かさ」なければ、意味がないのです。

よく若手〜中堅のコンサルタントを見ていて筆者が感じるのは、相手を説得しようとするコンサルタントが多いということです。

人間は、特に経営者など一定の地位のある人間は相手に説得させることを嫌う傾向にあると筆者は感じます。ですので、正しい論理で、相手を説得ではなく、納得してもらうことが変革型経営コンサルタントには重要なのです。

ここがそもそも揺らいでしまえば、いくら何をやったところで、変革は進まなくなってしまいます。

2つ目に、データです。

データは客観的であり、論理とうまく組み合わせて、使えば強力な武器になります。

しかしながらデータを扱う上では、いくつかの問題点があります。

1点目は、データ分析が目的化してしまうこと。

巷にあるデータ分析や統計分析の本を読むと、あれもこれも分析したいとなってしまい、本来は現状を把握し、変革への道筋をつけるはずのデータ分析が、いつしかデータ分析を行うことが目的化してしまうということがよく起きます。手段の目的化と言われるものです。

データ分析はあくまで手段。

どんなテーマで、どんな分析が有効なのかは第2部で詳しくご紹介します。ここでは、データ分析マニアになる必要はないということをご理解いただければそれで十分です。

2点目は、データ収集に時間をかけすぎてしまうことです。

今から約40年前に発売されたトム・ピーターズ氏とロバート・ウォーターマン氏の著書『エクセレント・カンパニー』（講談社）の中で、すでにデータ分析ばかりをする「**分析麻痺症候群**」が戦略を実行できない要因だと指摘されて久しくなっています。しかしながら、経験の浅いコンサルタントの方の相談に乗っているとよく目にする光景なのですが、そのデータを収集することに、そこまで時間掛ける必要がどれだ

けあるのか、というくらい、データ収集に時間をかけてしまっています。

　ITのプロジェクトであっても、営業改革や会計周りであっても、新規事業であっても、データ収集に時間をかけている時間はありません。

　インターネット（Google検索）と、クライアントの社内データ、市場データ（矢野経済研究所や富士キメラ総研等）や政府統計データで十分です。（詳細は第2部でご紹介しています）

　それを見てデータがなければ、ざっくりとした数字感で把握をして、先に進んだほうが残りの時間で、早く多くの施策を打つことができます。

　変革をサポートするコンサルタントにとっては、時間をかけて1発で完璧な回答を出そうとするのではなく、いくつかの小さく試し、間違えながらも早く正解にたどり着くということが重要です。

　したがって、データ収集に時間をかけるのは良い手段とは言えません。

◆現場感覚はすべてのコンサルタントの必須要件

　3つ目に、現場感覚です。

　この現場感覚はコンサルタントが持ち合わせなければならない、実は本書の読者にとって、最も重要なポイントだと言えるでしょう。

　筆者がコンサルティング部門の若手層や、士業の方と研修などで会話をさせて頂く中で思うのが、**現場を見て、肌感覚を理解する、現場の声を丁寧に聞くということを苦手とする方が多い**という傾向です。特に学歴が高くエリート街道を走ってきていて、かつ現場経験のない方に多いというのが筆者の肌感覚です。

　コールセンターでも工場でも店舗でも、実際に足を運んでみるとわかることが多くあります。

　ある地方の有名アパレル会社でのケースですが、旗艦店と呼ばれる店舗が非常に好立地の新しい商業テナントに入店していました。

　ブランディングのための投資として仕方がないかなと思っていたのですが、実際に行ってみると、そもそもその商業テナントに全く人がいません。

　それもそのはず、駅から10分近く歩くオフィスビル近くの商業テナントですから、おしゃれですが、平日はなかなかお客さんが来てくれません。

　ですから、周りのテナントは業務終わりのオフィスワーカーを対象とした、英語塾や結婚式場、保険の代理店、料理教室など。そもそもこの商業テナントとクライアントの店舗がマッチしていません。

　このようなテナント立地にもかかわらず、店舗にはスタッフが3〜4名おり、皆さん暇そうな様子。

　おそらくそのアパレル店のターゲット顧客に当たる筆者が入店しても、大して声をかけられることもなく、こちらから声をかけ、売れ筋商品についての質問をいくつかし、カタログを受け取って、すぐに店舗を出ることになりました。

　このテナントが大幅な赤字を出していることは、データ上は明らかですが、このような背景情報は、オフィスに籠もってデータを眺めてみたところでわかりません。

　実際に足を運んで、自分の目で見たことによって、なぜ不採算なのかの根本原因を理解できたのです。

　このように、現場感覚はどれだけコンサルタント歴が長かろうと短かろうと、重要な要素であると言えます。

　以上の

①正しい論理

②データ

③現場感覚

という3つのインプットを元にして、変革型経営コンサルタントは、変革の道標と、現状を正しく経営者・経営幹部に理解してもらうことが必要です。

　実はこの点については、大企業をクライアントにするか、中小企業のオーナーを対象とするかで、異なってくることがあります。

◆大企業の論理と変革の困難さ

　大企業をクライアントとする場合には、変革の道標を描くことのほうが難しくあります。

　現状を正しく認識することは、データと論理の積み上げによって、認識いただけることが多くありますが、一方で1部署や1事業部の管掌役員や事業部長には全体としてのあるべき姿を持ち合わせていないことが多く、3～5年スパンの変革の道標をどう描くか、このポイントを詰めていくことに時間を掛ける必要があります。

　基本的には上から「君の部署はこれだけやりなさい」というオーダーが出て、それを完璧にこなしてきた人たちが責任者になっているケースがほとんどですから、ではどうしたいのかと聞かれて、「私はこの部署・事業部をこうしたい」と明確に言える方が多くはないのです。

　ですから、「こうしたい」を引き出していくために、海外先進事例や著名な変革の成功・失敗事例、会社の中期経営計画などを紐解きながら、一緒になって考えるということが重要になります。

　その中で外部や上に説明するための資料や論理を構築することが求められるのです。

　また決まってから動くまでの時間軸もゆったりとしています。そのため、ときにはどっぷりと、時には付かず離れず（keep in touch）で変革のお付き合いをするということが一般的です。

　一方で、中小企業のオーナーをクライアントとする場合には、「私はこうしたい」が明確になっているケースが多くあります。

　特に創業オーナーの場合、ご自身の力で会社を切り開いてきたパワーと求心力、先見性があるため、「こういう会社を作りたい」「こういう事業がしたい」という想いがあるケースが多いのです。

　一方で大企業をクライアントとする場合と逆で、現状を正しく認識してもらい、ある施策を行うことのメリット・デメリットを理解していただくことに苦労することが多いというのが筆者の肌感覚です。

　同時に、「私の感覚ではこうだ」という想いも強く持っていることも

あるため、そのためにいろいろな観点からデータと論理を積み上げて、ときには一緒に現場を見たり、参考企業を訪問したりして、納得して貰う必要があります。

筆者の経験則では、競合の動向などを丁寧に調べあげて、現状について納得してもらうという手法が有効であったことも多々あります。

例えば、競合の営業マンの数は何人で、どのエリアに何人くらいいて、採用を増やしているのかといった情報です。これらの情報は採用サイトや求人口コミサイト、顧客へのヒアリングなどによってタダで手に入れられる情報ですが、非常に価値があることが多い印象です。

◆中小企業オーナーの強み

加えて、中小企業のオーナーは納得すれば、動きが早いという点も大企業をクライアントとは異なる特徴です。

資金を出して、成果に責任を持つのはオーナー自身ですから、納得してもらえれば、動き出しはとにかく早いのです。

いまは著名となったIT企業がまだ未上場だったときのこと。

事業領域（ポートフォリオ）を広げるために全く新しい新規事業を開発するというコンサルティングをオーナーに行っていました。

筆者の結論としては、領域は魅力的だが、自社で0から事業を開発するよりも、既存企業を買収して行くのが良い。その候補先はA社になりそうだという提案をしました。

A社は創業10年弱の企業ですが業界で一定の地位を確立している。一方で、ITサービスにもかかわらず役員のプロフィールからはシステム力が弱く見え、システムを触ったり、ネットの評判を見たりしてみても改善の余地が多くありそうだと感じました。

決算官報は出ていないが、資本金は1000万円、資金調達を行った形跡もないため、大規模な買収にはならないのではないか。

総合的に考えて、A社を買うべきです、というのが大きな流れでした。

オーナーはしばらくどうしようか考えると仰っていましたが、数日後に、やはり買収することにします、という連絡がありました。

そしてその1ヶ月後には、先方と接触し、2ヶ月後には買収交渉が成立していたのです。

　このような納得してからのスピードの速さという点は、中小企業のオーナーならではと言えるでしょう。

　少し事例が長くなってしまいましたが、以上のような流れを経て、変革型経営コンサルタントはクライアントに必要なコンサルティングを提供していきます。

　そしてその存在意義は変革の一番のパートナーであり、理解者であるということです。

　変革をリードする当事者には、多くの困難があります。

　簡単には出ない成果。

　オーナー経営者であれば良いですが、そうではない場合には周囲の役員の目、全社への影響が気になるといったことが必ず訪れます。

　なかなか乗り気にならない社員。

　また改革か、一過性でどうせ飽きるさ、と白けてしまっているような社員や役員までもいることでしょう。

　そんな苦労の連続の中でも、成果につなげるために、絶妙な距離感で寄り添い、変革の一番のパートナーであり、そして理解者であることが変革型経営コンサルタントの存在意義です。

　多数存在するコンサルタントの職種の中でも難易度が特に高く、非常に難しい局面も多くありますが、その面やりがいも、成長も、そしてそれだけの報酬も得ることが可能です。

1-4 変革型経営コンサルタントのクライアント

　では、変革型経営コンサルタントの意義を理解していただいた上で、変革型経営コンサルタントはどのようなクライアントを獲得していけばよいのでしょうか。

　先に述べた通り、1つ目は大企業の事業部門や管理部門など1つの部署・部門をクライアントするケース、2つ目は中小企業のオーナーをクライアントとするケースです。

　大企業の全社戦略などは外資系のコンサルティングファームが得意としているので、ここに手を出す必要はありません。

　そしてそれぞれ図表1-6のように、2つのクライアントに分類することができます。

　まず大企業の1部署・1部門をクライアントとする場合、2つのパターンが存在します。1つ目は事業部門で、2つ目は管理部門です。

　1つ目として、事業部門をクライアントとする場合、よくあるテーマ

図表 1-6 クライアント別のテーマとコンサルタントとしての注力ポイント

大分類	中分類	よくあるテーマ	コンサルタントとしての注力ポイント
大企業の1部署・1部門	事業部門	新規事業、組織変革業務効率化	あるべき姿を定義する
	管理部門	DX、クラウド化、戦略人事、戦略総務	予算と権限を握る
中小企業のオーナー	創業オーナー	新規事業、組織変革業務効率化	相談に乗れるテーマ、人の紹介
	2代目、3代目	新規事業、M&A	ポジティブでワクワクする未来を描く

としては、新規事業開発や営業改革、業務効率化といったテーマです。これらの詳細については、第2部で解説いたします。

　そして事業部門をクライアントとする場合に変革型経営コンサルタントとして注力すべきポイントは、先述の通り、「どうなりたいか」というあるべき姿を定義する点にあります。

　この点も詳細についてはそれぞれのテーマごとに第2部でポイントを解説します。

　2つ目に、管理部門をクライアントとする場合です。管理部門とは、人事部や総務部、経理部、最近ではDX推進室や情報システム部などもクライアントになるケースがあります。

　昨今、筆者がご相談を受けているテーマとしては、DX推進やクラウド化、戦略人事などが挙げられます。

　これらの部門・部署をクライアントとする場合のポイントとしては、予算・権限獲得のサポートをするということです。

　なぜなら、管理部門は事業部門とは異なり、自分たちの予算（おさいふ）を年次予算以外に持っていないことが一般的です。

　そのため、年次の途中に新しいプロジェクトを始めようとすると、追加の予算を獲得する必要が出てきます。

　すると、予算承認のために様々な部署を調整するための説得材料を作っていく必要が出てきます。

　ここが管理部門をクライアントとして変革型経営コンサルタントの注力ポイントです。

◆中小企業オーナーは創業者と2代目以降で関心が異なる

　次に、中小企業のオーナーをクライアントとする場合、創業オーナーと2代目・3代目（創業者のご子息）をクライアントとするかによって、関心のポイントが異なってきます。

　創業者であれば、自ら生み出した会社をもっと良くしたい、という点を強く興味を持っています。

　一方で2代目・3代目の場合は、創業者（つまり父や祖父）が生み出した会社を自分の会社に変えていきたいということに強く興味を持っているケースが多くあります[3]。

　以上により、創業者をクライアントとする場合は、新規事業や営業改革、業務改革などのテーマからスタートすることが多くなっています。

　スタートすることが多くなっている、としているのは、中小企業のオーナーの場合、大企業の1部署・部門とは異なり、様々な視点で会社を見ています。

　したがって、あれが良くなれば、次にこっちが気になるということが多々発生します。

　そこで、スタート地点としてはいかに売上を上げやすくするか、もしくはコストを下げるかのどちらかになります。

　そのどちらからスタートし、信頼を積み上げて、それ以外の領域の変革プロジェクトも受注していくという形が推進しやすいと思います。

　一方で2代目・3代目となると少し事情が異なります。

　先代の頃から会社の役員などをしていた人が役員にいるケースがあります。場合によっては、子供の頃から知っているという古株の方もいるでしょう。

　そのような役員の上に立って社長をやるというのは、いくら創業者の一族であっても難しいものです。

　ですから、2代目・3代目がテーマとするのは、これまでとは違う変革・改革路線を会社に吹かせることで、代替わりを成功させるということになります。

　したがって、既存の組織や事業を大きく動かすことなく目に見える成果を挙げられる、新規事業開発やM&Aといったテーマを変革プロジェ

3　この点について中小企業の経営者のよりリアルな悩みを知りたいという方は稲盛和夫『稲盛和夫の経営塾　Q&A高収益企業のつくり方』（日経ビジネス人文庫）、『人を生かす 稲盛和夫の経営塾』（日経ビジネス人文庫）をご一読ください。様々なタイプの中小企業経営者がどのような想いと悩みを持っているのか、それをビビッドに知ることができます。解決策については時代背景や企業の創業背景などがあるかと想いますので、ご参考までに留めてください。

クトとして掲げることが多くなる傾向にあります。

◆ 自身の得意分野×顧客課題の見極め

　ここまで、簡単に変革型経営コンサルタントがクライアントとすべきクライアント像とよくある変革プロジェクトのテーマについて解説を行いました。

　もちろん、このすべてをできるスーパーコンサルタントはほとんど存在していません。

　大企業の部門・部署をコンサルタントすることが得意な人もいれば、中小企業のオーナーが得意という人もいます。テーマも新規事業開発が得意な人もいれば、DXやシステムなどテクノロジー関係に強いという人もいます。

　ですので、自分はどんなクライアントをターゲットにし、そのクライアントの抱えている、どんな課題・テーマに対して変革コンサルティングを提供するのか、図表1-7を見ながら考えていただきたいと思います。

図表 1-7　得意領域と提供すべきコンサルティングテーマ

領域×経験値		売上拡大	コスト最適化
既存事業領域	営業	新規開拓 ハイパフォーマーの分析	不採算顧客の見極め
	マーケティング	WEBマーケティング ブランディング	広告代理店の運用アドバイス or 内製化
	バックオフィス	戦略人事	戦略総務
既存事業領域	事業開発	新規事業開発、M&A	―
	マーケティング	WEBマーケティング、SNS運用	マス広告とWEB広告の最適化
	IT	DX支援（攻め）	DX支援（守り）

とは言え、先日著名なSIerの事業部長の方とディスカッションをしている中で、「結局の所、我々のコンサルティングでの強みって何かわからないんですよね」と仰っていました。

そんな企業の方、士業の方に図表1-7でご自身のおよびご自身の会社のコンサルティング上の強みを分析するフレームワークをご用意しました。

縦軸は企業の事業領域・事業領域、個人であればご経験されてきた職種です。

横軸にはクライアントの変革ニーズを売上拡大（攻め）とコスト最適化（守り）の2つに分けています。

この縦軸と横軸から、提供すべきコンサルティングのソリューションが決定されることになります。

◆営業もマーケティングもコンサルティングの強みになる

例えば、営業で高い成果を挙げてきた方であれば、経営者・企業幹部が売上拡大のニーズを持っていると考えた場合、新規顧客開拓の戦略策定や、その企業のハイパフォーマーを分析し、いかにしてそのハイパフォーマーのDNAを全社に展開するかといったナレッジマネジメント（型づくり）のコンサルティングを行うことが王道ということになります。この領域は近年非常にニーズがあり、筆者もこの1〜2年の間に数社でコンサルティングを提供しています。

一方で経営者がいまの営業戦略をもっと効率化したいという考えを持っている場合には、顧客毎の採算性を測ることで、どの顧客に注力し、どの顧客にはあまり時間・労力をかけないのか、という見極めがコンサルティングの方向性となります。

マーケティングであっても同様で、特に多くの中小企業が悩みを抱えるWEBマーケティングやブランディングをテーマとするか、それとも代理店任せになっているところをセカンドオピニオン的に見直したり、内製化をテーマとしたりするかは、クライアントのニーズにより変化するという形で図を眺めてみてください。

それぞれの領域の詳細については、各テーマでご紹介することにしますので、まずは自社もしくはご自身の強み・経験領域と顧客のテーマをかけ合わせたときに、どのようなコンサルティングの方向性があるのか。このイメージを付けていただければと思います。

　本章では、なぜ日本企業が変革を迫られているのかという背景をマクロ・ミクロで整理した上で、変革型経営コンサルタントの存在意義と、変革型コンサルタントのクライアント像、そして具体的なコンサルティングテーマ選びの概論をお伝えしました。
　次章では、変革型コンサルタントとして特に重要なスキルについて見ていきましょう。

第 2 章

変革型経営コンサルタントの3つの武器

変革型経営コンサルタントが持つべき３つの武器である、①論点設計力、②変革スキル、③変革型コミュニケーションと期待値調整の３つを紹介します。論点設計力では、論点とそれ以外を見分ける方法を、②変革スキルでは変革の８段階を中心とする変革プロセスを、③変革型コミュニケーションと期待値調整では、相手別にどのようにクライアントの期待値調整をするかについて解説します。

2-1 論点設計力

　前章では、変革型経営コンサルタントの実践的な話をする前提として、どのような存在意義があるのか、そしてどのようなクライアントに対して、どのようなコンサルティングが王道なのかを解説しました。

　また、読者の経験に応じてどのようなクライアントにどのようなコンサルティング領域を提供するのが王道かといった道標も示しました。

　本章ではこれらを前提として、どのようなクライアントやコンサルティング領域であっても身につける必要がある3つの武器について、現場での実践的なスキルを含めて解説を行っていきたいと思います。

　図表2-1に3つの武器について記載しましたので、以下で順に見ていくことにしましょう。

　最初に取り上げるのは、最も重要な論点設計力です。

　ここで論点とは、経営者・経営陣レベルで解くべき課題と定義されます。

図表 2-1 　変革型経営コンサルタントの3つの武器

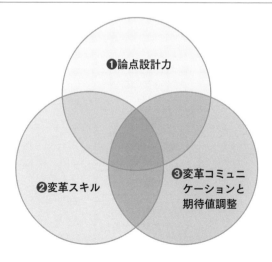

❶論点設計力

❷変革スキル

❸変革コミュニケーションと期待値調整

◆論点は「解くべき」と「課題」から導き出される

　この論点のポイントは、「解くべき」という部分と「課題」という部分の2点になります。

　図表2-2を見てください。

　コンサルティングの端緒は経営者・企業幹部へのインタビューやディスカッションからスタートすることがほとんどです。

　特定のテーマが会話の話題（アジェンダ）になっていることもあれば、経営テーマ全般に渡るケースもあります。

　しかしながら、経営者・企業幹部からヒアリングする内容は経営テーマ全般か、特定のテーマかという話よりも重要な2つの分類があります。

　それが2段目に記載してある、「経営課題」か「単なる事象」か、という区分です。

　まずこの区別を付けられるようになることが、変革型経営コンサルタントの第一歩であり、実はコンサルタントとして最も腕の差が出るとこ

図表 2-2　論点（解くべき課題）と事象

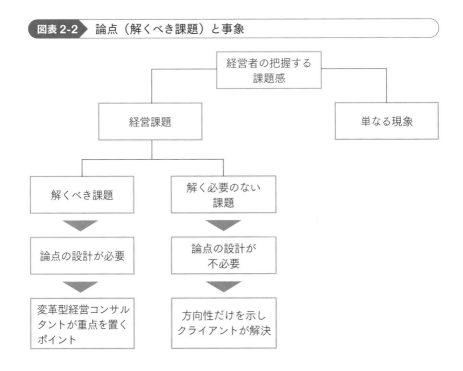

ろでもあります。

　読者でも読まれた方もいらっしゃるかと思いますが、内田和成氏が著書『論点思考』（東洋経済新報社）でドラッカーの名言を引用して述べているように、経営においては間違った課題を一生懸命解いても正解にたどり着かないのです。

　それよりも正しい課題をみつけ（定義し）、それを解くことが重要になります。

　何が正しい課題なのか、それを見極められさえすれば、あとは実行あるのみということをドラッカーは言いたかったのです。

　だからこそ、経営者・企業幹部が話している内容の背景を理解し、事象の裏側を探ることで、表面的な理解ではなく、大きな経営上の問題につながる課題なのか否かを分類することができるようになるのです。

　この事象と経営課題かを見極めるのはある程度経験のなすところではあります。

　経営者・企業幹部が課題だということは、往々にしてそのまま文字通りでは課題ではないということはコンサルティングの世界でよく言われています。

　筆者としては、それを解いて、会社全体（もしくは部署全体）にどんな意味があるのか、を冷静に考えることをおすすめしています。

　ロジカル・シンキングでよく言われている、「だから何（So What）？」という視点で、その課題を解いたらどのような結果が導かれるのか、という視点で見てみると、解くべき課題だと思っていたものが実は案外現場でのよくあるトラブル事例だったりします。

　一方で、経営者・企業幹部が「こんなこともあって」と最後にチラッと話した内容の中に会社の大きな経営課題が潜んでいたといった経験は筆者も複数あります。場合によってはある特定の取締役の存在が会社の最大のボトルネックだったということもあります。

◆解くべき課題とそうでない課題の見極めが肝心

　そして経営課題を見分けたら経営コンサルタントとして解くべき課題、

つまり論点と、解く必要のない課題の2つに大分します。

　この解くべき課題と解く必要のない課題の2分は事象と経営課題の2分よりも更に難易度が高いものですが、これは経営者・企業幹部が中長期的に何を実現しようとしているのか、そしてその要素にどの程度大きな影響を与えるのかという点から考えることが肝要です。

　今ココの課題を解いたところで、会社全体もしくは部署全体に与える影響は小さいものです。

　読者は企業を変革へと導く変革型経営コンサルタントになるのですから、企業を変革へと導くために課題となる要素の中でも、特に全体に大きな影響を与える課題、つまり論点を抽出していく必要があります。

　ちなみに、これがITコンサルタントでITコンサルタントとしての論点を設計するとなると、外部からのサイバーアタックに強いシステムを作ることがあるべき姿であるとすれば、それに関連する経営課題が論点ということになります。

　例えばファイヤーウォールがない、自社の社内ファイル共有システムの更新がされていないといったものが課題となります。

　もちろん、この論点は1つしかないということはありません。

　例えば、新規事業開発であれば、市場性、競合性、ビジネスモデルなど複数の論点が登場することが常です。

　そこで、それらの要素の関連性と、検討の優先順位を検討することで、論点を設計していきます。

　このように論点抽出と論点の優先順位付けで構成される、論点設計を行う論点設計力が、第1の武器となります。

　ここまでの抽象的な説明に具体例を入れてまとめたのが、図表2-3になります。

　事象では、経営者等へのインタビューや企業の決算資料などで明らかになった表面的な内容を記載しています。例えば、退職者が増加している、営業成績が上がらない、管理会計の予実管理が甘い、といったものです。

図表 2-3　論点抽出と論点設計の流れ

事象	課題	解決すべき課題 ＝論点	重要論点
退職者が 増加	退職率が 30％	開発後３年経過した 商品のクレーム率が 高止まりしている	既存商品のクレー ム率改善
営業成績 が上がら ない	重要顧客から のクレームが 20％増加	新規商品のリリース が１年遅延	海外子会社の赤字 解消
・・・	新人営業マン が独り立ちで きない	海外子会社が慢性的 に赤字	新規商品のリリー ス基準の見直し
	・・・	社歴が長い社員のモ チベーションが低下	

抽出個数 の例	25個	15個	4個	3個
論点抽出の ポイント	課題と現象との見極め		解決すべき課題と そうでない ものとの見極め	優先順位付けと 絞り込み

◆背景情報がなければ論点とはならない

　しかしこれらの内容それ自体では、論点とはなりません。「なぜ」、「どのような背景」で、「どのような関係性の中で」生じたのかが不明なため、ただの情報であるだけです。

　図表2-3の下部で記載した通り、単なる事象なのか、課題なのかを把握することがここでのポイントになります。

　そこで、この「なぜ」「どのような背景で」「どのような関係性の中で」を明らかにするために、データを分析したり、追加のヒアリングを行ったり、現場を見たりすることで当たりをつけます。

　事象の欄を見てください。ここでは事象として退職者の増加が上がっています。しかしながら、なぜ退職者が増加したのか。その背景・要因は何か。どんな事業や組織の関連があるのかといった視点でさらにこの事象を深堀りしてみましょう。

　すると、退職者がただ多いのではなく、退職率が年率30％となって

おり、採用費と教育費をかけても3年で全社員が入れ替わってしまう。このような状況が起きてしまうのは、ただ退職者が増加している要因だけではなさそうです。

ただし、これだけでは経営上非常に重要な課題のようには見えるものの、本当に解くべき課題、つまり論点なのかの判断はつきません。

そこで、もう少し退職率30%となってしまった要因を更に深堀り、分解していきます[1]。

こういうケースでは、部署別で分解するか、入社年次で分解するかの2つの方向性があります。

今回の例では両方を検討した結果、特定の部署に偏ったものではなく、いわゆる古株の社員が数多く退職していっってしまっているということが明らかになったということにします。このレベルまで具体化すると、会社の屋台骨である古参社員が退職していくのは大きな課題であることから、企業変革上の重要な論点になります。

◆論点の中でも特に重要な論点を優先順位付けする

ただし、ではこの論点のすべてをコンサルタントとして、今すぐに解かなければならない課題かというと、そういう訳でもありません。

その他の論点との比較の中で、より経営上売上や利益に大きな影響（インパクト）を与えるものを解くために優先順位をつける必要があります。

そこで他の論点を見てみると、既存商品の生産工程の論点と新規事業開発に関する論点、海外の子会社に関する論点があります。

これらと退職率の論点を比較すると、社歴が長い社員が退職していく理由を正しく特定さえできれば、変革型コンサルタントが解く必要がないということもあります。

---

1 ここでどのような分解をするべきかという考え方については、基礎的なロジカル・シンキングの書籍をご一読ください。筆者は齋藤嘉則氏の『新版 問題解決プロフェッショナル』（ダイヤモンド社）をおすすめしますが、どのような書籍でも問題ありません。

よくあるケースとしては、社歴が長い社員がやめる場合には、給料面の待遇の問題か、特定の経営者・経営幹部への反発しているケースがあります。そうであるとすれば、企業内でも正しく課題解決を実行させれば解決できる可能性があります（一方でこのような課題だからこそ自社で解決できないという声も老舗企業などでは耳にしますが）。

以上のように、ただの事象から課題を見極め、そこから解くべき課題を抽出し、更にはそこから経営上優先すべき論点を設計するという一連の流れは、どのような領域・テーマでコンサルティングを行う上でもベースとなります。

この正しい論点設計をする力は、変革型経営コンサルタントとして、いきなり身につけておく必要があるものではありませんが、こういう能力を身につけていかなければならない武器だとご理解ください。

そして実際に論点設計力は、正真正銘の武器になります。

実際に、筆者は大手企業などがコンサルティングファームに依頼したプロジェクトのセカンドオピニオンとして企業側の立場でアドバイスをするということがあります。

そうするといろいろなコンサルティングファームの提案を実際に見たり聞いたりすることがあります。

その中で、コンサルティングファームでマネージャークラス（5〜6年程度）の人であっても、「そんな論点を解いて一体どうするの？」というプロジェクトの目的を達成する上で意味のない論点に時間ばかりかけ、「結果的にその提案に価値ある？」というような内容しかアウトプットできていない人をちらほら見かけます。

ですから、この論点設計力を意識して磨くということは、非常に難しいながら、読者が仮にどこかのコンサルティングファームとコンペや提案でぶつかったとしても、勝っていく非常に強力な武器になるのです。

コンサルタントの価値の高い割合をこの論点設計力が占めると言っても過言ではないでしょう。

変革スキル

　次に、変革をリードするための変革スキルを武器として身に着けていく必要があります。

　この変革スキルを筆者は2つの方向性から定めています。

　1つ目に、**変革のプロセス面でのスキル**です。具体的には、変革が成功に至るまでのプロセスを理解することです。

　2つ目に、**変革の戦略面でのスキル**です。変革を実現するための戦略策定を行うスキルを獲得することです。

　この2点目については次章で扱いますので、本章では1点目を中心に解説を行います。

　企業変革を成功に導くまでの流れを解説したものの中で最も重要な知見は、ハーバード・ビジネス・スクール教授のジョン・P・コッター教授が『企業変革力』（日経BP社）で示した、8段階の変革ステップですので、この書籍は是非ご一読ください。

　この書籍は企業変革における出発点であり、必須知識です。

　しかしながら本書を読んだだけでは内容がやや分かりづらく、事例が海外のもののため、リアリティがわからないという声もよく耳にします。

　この8段階の変革ステップは基本としながら、その他の専門家の知見や筆者のコンサルティングでの現場感を組み合わせて解説をしていきます。

　図表2-4をご覧ください。

　コッターの8段階の変革ステップを理解する上では、前提としてマネジメントとリーダーシップの違いを理解する必要があります。

◆ リーダーシップとマネジメントとの違い

　変革を実現するためには、強力なリーダーシップが必要だとコッターは述べていますが、この強力なリーダーシップという言葉の意味を理解

図表 2-4 ジョン・P・コッターの8段階の変革ステップ

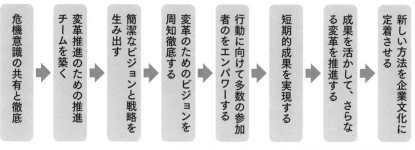

危機意識の共有と徹底 → 変革推進のための推進チームを築く → 簡潔なビジョンと戦略を生み出す → 変革のためのビジョンを周知徹底する → 行動に向けて多数の参加者をエンパワーする → 短期的成果を実現する → 成果を活かして、さらなる変革を推進する → 新しい方法を企業文化に定着させる

出典：ジョン・P・コッター『企業変革力』（日経BP社）

するために、コッターはマネジメントとリーダーシップの区別について解説しています。

まずコッターの言う**マネジメントとは、人材やテクノロジー、製造技術など複雑なプロセスを管理するための様々なアプローチであり**、具体的な企業活動であれば、プランニング、予算策定、組織設計、人材配置、工場での問題解決活動などが挙げられます。わかりやすく言えば、既存のオペレーションを効率的に回すための能力と考えて良いでしょう。

一方で、**リーダーシップとは、組織を環境に合わせて変革していく能力である**と指摘しています。コッターは経営者・企業幹部がリーダーとして前線に立って活動することだけでは、リーダーシップを発揮したとはしていないのです。

あくまで経営者・企業幹部がリーダーシップを発揮したと言えるのは、変革を強力に推進していく場合にだけである、ということです。

またコッターはリーダーシップをカリスマ経営者のような人物が発揮するものではなく、組織の一定の役職者以上が複数人身につけて置かなければならないものであると指摘しています。

具体的に1段階から8段階までのステップを簡単に解説していきます[2]。

まず改革の第一段階は「危機意識の共有と徹底」です。

実はこの第一段階が一番重要だと筆者は考えています。正しい危機感がありそれが共有されている会社は、プロジェクトの進行がスムーズで

すし、もしかしたらコンサルタントは必要ないかもしれません。

　一方で、多くの変革を求める企業で正しい危機感を持っているのは経営者（オーナー）と一部の幹部のみという状況であれば合格ラインで、経営者のみ、経営者すらも曖昧という会社もあります（もちろん最後のパターンとなると倒産に瀕するような状況になってしまっているケースが多々ありますが）。

　そのため、現状を客観的に示し、納得してもらうことで、正しい危機感を生み出すとともに、それを組織に明確に共有することがとにもかくにも重要です。

◆ ワクワク感の醸成は変革の中で軽視されすぎている

　そのために、コンサルタントは2つのアプローチを取る必要があります。

　1つ目は、これまで第1章も含めて何度か記載しているように、**現状把握**です。

　今後の向かうべき先へ足を進めるためには、現実を把握することにつきます。市場や企業の財務・非財務データ、ベストプラクティス事例、現場の声、競合動向。

　これらをセットにして、説得ではなく、納得を生み出すということです。

　第1章の振り返りのようで、若干くどく思われるかもしれませんが、このアクションは空で言えるほど頭に刷り込んでいただく意識が大切です。

　2つ目は、経験を積んでいても意識が足りないコンサルタントが実は多いのですが、**ワクワク感の醸成**です。

　どうやら頭の良いコンサルタントの方は特に、1つ目の現状把握は得

2　筆者も本書執筆のために、原著を読み返していますが、確かにあるプロジェクトで1段階のステージが大変だったと改めて振り返ることができました。それだけ重要な書籍だと思います。読者にも、ぜひ本章を読まれた後に、原著にあたっていただきたいと思います。

意です。データを扱ったり、理路整然と話したりすることはできます。

でも人間は、正しいこと、理屈を積み上げただけの内容では動かせません。頭でわかっても、行動につながらないのです。

コンサルティング関連の書籍を読むと、コンサルティングファームの提案は実は実行されないというような批判が記載されていることがよくあります。

それはこのようなワクワク感のある提案、「明日から実行したら、会社が良くなる、さぁ明日から頑張ろう」と皆が、少なくとも経営者・企業幹部が一枚岩で思えていないからであると筆者は感じています。

この危機意識の共有と徹底の成功事例として著名なのは、星野リゾートです[3]。

星野リゾートはコロナ禍の最中、2020年4月〜5月でどこの施設も売上が90%減となった。そこで、社員が一番知りたいのは「会社は大丈夫なのか」ということでした。

そこで星野佳路代表は自社ブログで独自指標を元に「倒産確率」を公表しました。

倒産確率は2020年5月には38.5%、6月に40.1%に高まったが、危機感を共有し、「雇用は必ずなんとかするから協力してほしい」というメッセージを発して全社での施策を実施。

2020年8月には倒産確率は18.3%にまで下がったということです。

星野リゾートの事例では、星野代表という創業者が強力なリーダーシップを発揮し、自社で完遂することができていますが、そのような企業は著名経営者が率いる会社を除いてほとんどありません。

そのため、変革型経営コンサルタントとしては、「危機感の共有と徹底」を変革プロセスの最初のステップであり、最重要ステップであると理解しておく必要があります。

3　村田和子「星野リゾート星野佳路代表が "倒産確率" を公表した理由　「組織を強くするマネジメント」とは?」『IT media ビジネスオンライン』を参考。

第二段階は「変革を推進するチームを形成する」です。

経営者・企業幹部が社内で十分な危機意識の醸成と共有ができたところで、変革を推進するチームを形成する必要があります。このチームを変革タスクフォース（Task Force）[4]と呼んだりもします。

この変革タスクフォースはテーマごとに複数置かれることも多くあります。

例えば、戦略面と組織面、コスト面、製造現場面などです。

◆タスクフォースのメンバーには燃える若手人材を

問題はこのタスクフォースにどのような人材を選抜するかです。

各タスクフォースのオーナーは取締役や執行役員となりますが、メンバーには経営企画などの部門横断のスタッフと、部課長、そしてその若手層で会社を変えたいと考えている変革に燃える人材をバランス良く配置する必要があります。

コア・コンピタンス経営を提唱したことで著名な、ロンドン・ビジネス・スクールのゲイリー・ハメル客員教授は、『リーディング・ザ・レボリューション』（日本経済新聞出版）の中で、どれだけ会社がぼろぼろな状態になったとしても、変革の火を付けたいと考えている人材が数人は存在する。彼らを見つけ出すことが変革チームの重要な役割だと指摘しています。

更に社歴の短い若手社員「会社を変えたい」という思いが多いとも指摘しています。つまり、若手の燃える社員をタスクフォースに加えるのです。

ただし、それぞれ個々の人材は変革に燃えるような状態ではなく、火

4　タスクフォースとは軍事用語の「機動部隊」から来ています。特定のミッション、ここでいう変革を達成するための期間限定の専門組織という定義になります。

功罪はありますが、カルロス・ゴーン氏が倒産寸前の日産を変革した1999年もリバイブルプランという強い変革への改革プランとタスクフォースをコンサルティングのブーズ・アンド・カンパニー（現：PwC Strategy&）を活用して推進したことで有名です。当時のスライド資料はインターネットで閲覧可能ですので、ぜひご確認ください。

種程度。火を付けて燃やし続けるためには、やはり経営陣のサポートが必要だと言います。

　この考え方は、先述の三枝匡『経営パワーの危機』でも指摘されています。

　また筆者が以前業績不振の会社の業績およびDX変革のご相談を受けたときのこと。

　結論を先にいうと、その会社の最大の論点は営業の取締役を外すことでした。彼は大手他社からきた人間ですが彼が取締役をして以降、営業成績は右肩下がりでありながら、自分の棚に上げ、全社の変革を邪魔していたのです。

　変革が進むと、自分の仕事のデキが悪いことがバレてしまうからでしょう。

　このような場合に、いかに取締役であっても変革チームに入れる必要はありません。

　彼が変革チームにいれば、変革の邪魔になるどころか、結局会社を変えたくないというようなメッセージを全社に発信することと同じだからです。

　ですから筆者は社長に「彼がいては私の仕事ができません。コンサルティングを受けるのであれば、彼を外すことが前提です」と伝えました。実際に、変革プランの策定の最終報告までは彼は一度も参加することもなく進めていきました。

　以上のことから、強い変革への意識を持ち、変革の権限も併せ持つ変革チームがトップから若手までを横断して、現場まで入り込んで変革していく体制を構築することが重要になります。

　第三段階は「簡潔で明確なビジョンを設定する」です。

　ここは、コッターの解説よりも筆者の持論を中心に解説させていただきます。

　なぜコッターは最初のフェーズに、簡潔なビジョンを策定して共有することを掲げなかったのでしょうか。

それは、最初に従業員の意識を強烈に変える方法としては、危機感の醸成が一番だと考えたからだと筆者は推察しています。

　確かにビジョンは「こうなりたい」という、いいことだけを書いてあるため美しいです。

　しかしながら、美しいだけでは会社は変えられません。

　だからこそ、最初に強烈に危機感に訴えるのです。

　しかしながら、危機感だけでは人は走り続けられません。

　そこで危機感の後に、自分たちはこのようなビジョンの実現を目指して頑張るのであるという御旗を立てることが重要になります。

◆危機感×ビジョンで変革の火を燃やし続ける

　つまり、危機感が変革のライターと着火剤だとすると、ビジョンが変革の火を燃やし続けるための燃料ということになります。

　では、皆が変革の火を燃やし続けることができるビジョンとはどのようなものでしょうか。

　コッターは「将来のあるべき姿を示すものであり、なぜ人材がそうした将来を築くことに努力すべきなのかを明確に、または暗示的に説明したもの」と指摘していますが、筆者はこれでは抽象的で、かつやや丁寧さに欠ける定義だと思います。

　我々はどのような価値を提供することで、社会的な存在意義をなし得るのか、まずこれを訴えることが重要です。

　会社という組織体はそもそも、社会で選ばれなければ存在し得ない組織体です。

　多くの社員は絶対にその会社に所属する必要はありませんし、特殊な技術やサービスのない企業であれば、取引先も絶対取引しなければならない理由もないからです。

　だからこそ、どんな社会的な存在意義があるのかをまず訴える必要があるのです。そこが出発点です。

　この考え方を最も端的に示した書籍として、筆者はピーター・ドラッカー『経営者に贈る5つの質問』（ダイヤモンド社）をおすすめしてい

ます。

　加えて、どんな強みをもって、どんな領域／ドメインで社会的な存在意義を果たすのかをビジョンには記載すべきであるというのが、これまでの学術的な研究で明らかになってきています[5]。

　例えばGoogleは「Googleの使命は、世界中の情報を整理し、世界中の人々がアクセスできて使えるようにすること」をビジョンとして掲げています。

　このGoogleのビジョンは、上記の「どのような強みで」「どのような領域で」「どのような社会的な存在意義を果たすのか」の3つの要素を簡潔にそして明確に示す例としてお手本になると言えます。

　以上のようなビジョンであれば、よくある日本の大企業のような「どこの会社のものかわからない曖昧で抽象的なビジョン」ではなく、全社員の変革の火を灯し続けるビジョンになるでしょう。

　第四段階は「ビジョンの徹底」です。

　上記のルールに従って作られたビジョンであっても、社内に浸透しなければ意味がありません。

　実はビジョンの徹底というのは、非常に難しい側面があります。

　知っているだけのビジョンでは意味がなく、ビジョンを軸にしてとにかく自社の価値観と行動を変えていかなければならないからです。

　したがって、事ある毎に経営者が話、企業幹部や部長などが会議などで訴えていく必要があります。

◆ ビジョンを行動指針へと具体化

　そのためには、ビジョンから行動指針を作成することです。

　例えばAmazonのビジョンは「地球上で最もお客様を大切にする企業であること、お客様がオンラインで求めるあらゆるものを探して発掘し、出来る限り低価格で提供するように務めること」です。

5　詳しくは拙著『ニューノーマル時代の経営学』（翔泳社）の第1章をご確認ください。

そして、この低価格で提供するにはAmazon社自体のコスト効率化が重要だとベゾスは初期の段階から指摘しています[6]。

　そのため、Amazonの行動指針としては「2枚のピザルール」というものがあります。

　これは会議に参加する人数は会議の業務効率化の観点から、2枚のピザでまかなえる人数、10名程度にするべきだと言う考え方です。

　更には配布資料のパワーポイントの作成は禁止で、A4のワード1枚にまとめるというルールも業務効率化というビジョンを徹底するための行動指針になります。

　ところで、ビジョン浸透に関連する質問として、ビジネス書に登場するジョンソン・エンド・ジョンソンの「ミッションステートメント」のような長文で企業の想いを記載したステートメントは必要なのかという質問をいただくことがあります。

　この点については、変革にはマストではないが、あればベターだとお答えしています。

　ジョンソン・エンド・ジョンソンのミッションステートメントは語り継がれるすばらしいステートメントだと思いますが、

　①このレベルのミッションステートメントを作るのにはトップマネジメントや場合には取引先などにインタビューをして作成する必要があり、半年か1年かかってしまう可能性が高いこと。

　②ミッションステートメントは長文になる傾向にあり、全社員が簡潔に覚えられるようなキャッチフレーズにはなりにくい。

　という問題があります。

　例えば、ジョンソン・エンド・ジョンソンのミッションステートメントは大きく4つの段落からなり、1,000文字を超える分量があります。

　したがって、50文字以下で書かれているGoogleのビジョンとは比べ物にならない程度に複雑であると思います。

6　ジェフ・ベゾス「たゆまぬ挑戦を生む企業文化の秘密　アマゾン・ウェイ　挑戦・顧客志向・楽観主義」『DIAMONDハーバード・ビジネス・レビュー』2008年2月号参照。

　ちなみに明確なビジョンではありませんが、日産のリバイバルプラン時に提示された目標は「利益ある成長」であり、そのために必要なアクションが、

①新商品の投入

②自動車関連事業の展開

③ブランドアイデンティティの確立と強化

④リードタイム短縮

とされています。そして、それぞれたった数文字程度で日産が行うべき行動までを定義しています。

　これは後に紹介するIBMを見事にV字回復させたルイス・ガースナーが提示した変革プランと同じ考え方です。成熟した大企業には強烈なメッセージが必要だという考え方です。

　少し話はずれましたが、この程度の文字数なら全社員が覚えるのに十分です。

　ビジョンの徹底のためには、10回よりは20回、30回と社長が話をし、社員が目にし、読める分量である必要があります。

　そうだとすると、30文字や40文字程度。10秒で読める長さである必要があります。

　そしてそれを事ある毎に伝え、行動指針として落としこんでいく必要があるのです。

　ちなみにIBMのルイス・ガースナーは同じメッセージを2年間は繰り返したと述べています。

　そこで、変革型コンサルタントは絶えず、付かず離れずの距離感から、このようなビジョンの徹底が行われているかを確認し、適宜フォローアップしていく必要があります。

　第五段階は「ビジョンの実現に障害になるものを取り除く」です。

　先に述べたように、変革を実現しようとすると、様々な障害が現れます。

　『チェンジモンスター』が指摘するように、それは従業員の抵抗や無

気力が原因かもしれませんし、人事や報酬制度に障害がある可能性もあります。

筆者が行ったように、企業幹部が障害ということもあるでしょう。

いくつかの有名な事例を見ていきましょう。

◆ ジョブズはどんな課題を解決しAppleを復活させたのか

図表2-5にここまでみてきた事例の経営者と時期、対処した障害をまとめてあります。

倒産の縁にあったAppleを変革した創業者のスティーブ・ジョブズは、上記の2つに加えて、製品ラインナップの見直しを含めた3つの大きな障害を取り除いたと述べています[7]。

1点目は大企業病になってしまい情熱がないダラダラ働く社員です。ジョブズは全体の3分の1に当たる情熱を失った社員を辞めさせたと言います。

2点目は報酬制度の変更です。

経営陣を中心として、成果に何の責任も負わないのにとてつもない高

図表 2-5　各事例における障害

企業名	経営者	障害	時期
Apple	スティーブ・ジョブズ	1 大企業病 2 報酬制度 3 競争力のない製品	1996年
IBM	ルイス・ガースナー	ソフトウェア事業への転換の遅れ	1990年前半
星野リゾート	星野佳路	コロナ禍での旅行ニーズの縮小	2020年

出典：「スティーブ・ジョブズ氏が激白　瀕死だったアップル、再生の秘密」『日経ビジネス』1999年
3月8日号など

7　本事例は「スティーブ・ジョブズ氏が激白　瀕死だったアップル、再生の秘密」『日経ビジネス』
1999年3月8日号参照。

いボーナスをもらっていました。

これをジョブズは廃止。全社員にストックオプションを配布し、個々の社員の活動で株価が上がれば、全社員がハッピーになるストックオプションが大好きだとジョブズはインタビューで答えています。

実際にジョブズは、Appleの社長としての固定給は1ドルでしたが、ストックオプションで2003年は制限付き株式1000万株が支払われています。

3点目が競争力のない製品の廃止です。

ジョブズが暫定CEOに復帰した際のAppleの製品は15個。似たような製品領域でほとんど変わらない商品が多数発売されていました。

ジョブズは自社商品を一般向けとプロ向けに分け、デスクトップとMac（PC）の2種類の形態に絞り込みました。

4つの種類になれば1つ1つの製品に集中できる上、人材が分散せず、更には必要な在庫量も減少するからだとジョブズは述べています。

次に、ソフトウェアというオープン化へのシフトが遅れたことで経営危機に瀕したIBMを改革したルイス・ガースナーの事例を見ていきましょう[8]。

IBMは現在のGoogleやマイクロソフトを足したような存在で、製造・サービス業向けの事務機器分野で1950年代から市場をほぼ独占していました。

IBMとはインターナショナル・ビジネス・マシーンズの略。まさに社名がIBMの市場地位を現していたのです。

事務機器に続くメインフレーム事業においても、1980年から1990年代初頭までIBMは圧倒的な市場シェアを誇っていましたが、市場の成熟化とともに成長率が鈍化。

さらには従来のメインフレームを重視するあまり、台頭するパーソナルコンピュータ市場で大きく後塵を拝していました。

結果として1991年には初めての赤字として21億ドルを計上し、株価

第2章　変革型経営コンサルタントの3つの武器

8　詳しくは、ルイス・ガースナー『巨象も踊る』（日本経済新聞出版）を参照。

も1年で40%急落。更には1993年には81億ドルという巨額の赤字を計上。1993年までに累積の赤字は150億ドルにまで膨らんでいました。

そして、株価は最盛期から3分の1の12ドルまで下落していました。

◆ ガースナーは官僚化し内向きなIBMにメスを入れた

ガースナーは、IBMが卓越した技術力と優秀な人材を抱えながらパーソナルコンピュータという新しい市場への参入が遅れ、業績が悪化をたどる一歩である理由として、IBMの抱える障害を、

①官僚主義的で動きの遅い組織

②市場変化への対応の遅さ

③高給なサラリーマン人材が増加したことによる高コスト構造

の3点であると指摘しています。

ガースナーはこれらを克服するために、大胆なリストラと事業撤退を含むリストラクチャリングを実施するとともに、これまでのような内部の顔ばかりをみるリーダーではなく、新しいリーダー育成のためのプログラムを実施し、外部の顧客に目を向け、市場を創造する「勝てる人材」を重視するようにしました。

以上のように、障害を乗り越えるためには、事業構造だけでなく、人事制度や報酬制度の変更を伴う必要があるということです。

それはなぜかというと、昇給と昇進という一番目に見える変化に社員が気づくからです。

年次が若くても変革を起こした人材、会社に利益をもたらす人材、大きなチャレンジをする人材、特殊なスキルを持つ人材が一気に昇進し、給料も桁ハズレに上がっていく。

このよう人事制度・報酬制度を見れば、「なるほど。こういう人材が今後は優遇されるな」という強烈なメッセージになります。

Appleの事例にもIBMの事例にもこのような「なぜ制度をいじるのか」の部分には触れられていませんが、筆者はこのような理由が明確にあるとお伝えしています。

ちなみに余談ですが、Appleの事例もIBMの事例も、前に紹介した

星野リゾートの事例も、業界環境がガラッと大きく変わったタイミングで生じたものであることがわかります。

　これまで当たり前だった市場環境が代わり、新しいものに変えていかなければなからない。しかしながら、会社を簡単には変えられない。そこで、ビジョンの実現に障害となるものを、ロジカルに特定し、精神面も含めて組織を動かしていく必要があるのです。

　第六段階は「短期的成果を上げるための計画と実行」です。
　ここまで述べてきた内容をだらだらと2年〜3年続けていても意味がありません。

　遅くても3ヶ月で準備し、すぐに目に見える変化、クイック・ウィン（早期の勝利）を実現する必要があります。

　短期的な成果の内容として業績悪化をしている企業であれば、赤字幅の早期の縮小と同時に新規事業の目を撒くことの2つの方向から検討する必要があります。

　赤字の縮小のために取り得る手段としては、
①不採算事業／部門の撤退、売却
②間接部門の縮小、アウトソーシング（BPO）
が有効な手段です。

　不採算事業の撤退は以前からありましたが、売却が行われるようになったのはここ数年、M&Aが一般化してきてからでしょう。

　MBAの経営戦略の書籍ではないため詳細は割愛しますが、企業がM&Aを行う理由としては、
①垂直統合による事業領域の川上もしくは川下への進出
②規模の拡大のよる経済性（規模の経済）の獲得
③範囲の経済（強いコア技術やサービスを活かして異なる事業を行うことによる経済性）の獲得
④完全なリスク分散と規模拡大のための多角化
の4種類に分けられます。

　そのため、赤字だから会社や事業は売れないということはありません。

◆赤字事業でも価値があればキャッシュに変えられる

魅力的な技術や製品であったり、規模を拡大したりするためにこの会社を買わざるを得ないという状況があるとします。

中小企業の場合、間接部門、例えばコールセンターや管理部門に余剰人員が余っていることはほとんどありませんが、大企業の場合は往々にしてあります。

経理やコールセンターなどの間接部門をまるごとアウトソーシング会社に譲り渡して、業務を受けてもらうというハイブリッドな手法もあります。

ここでは実名を伏せますが、著名な外資系コンサルティングファームの中には、この手法で変革のサポートを行っている企業もあります、大手のPCメーカーでもこのようなアウトソーシング受託を得意としている企業もあります。

実際に不振にあえいでいたある日本の家電メーカーでは、この手法で利益を増加させ、今のV字回復の岐路を開いたそうです。

一方で業績の悪化はまだ生じていない企業であれば、新規事業開発もしくは、M&Aによる積極的なポートフォリオの入れ替えを行うという手法が、筆者の見る限りでは一般的になってきています。

既存事業では手をつけないような事業に新たにチャレンジする中で、収益だけでなく、知識やノウハウも獲得していき、会社の成長を促していくという戦略です。

ボストン・コンサルティング・グループの杉田浩章氏は、企業の変革には3段階の波があり、①10年単位で既存事業の収益を最大化するフェーズ、②既存事業の収益を新規の事業へ投資するフェーズ、③さらなる新規事業へ投資するフェーズによって企業変革を実現するべきだと指摘しています。

サイバーエージェントは、広告代理店が本業ですが、ゲームやメディア、近年はABEMAのようなコンテンツまで幅広く手掛けています。

広告代理店事業だけでも収益性は安定しており、売上も大きい状況ですが、サイバーエージェントは自らの事業・組織を変革していくために、

常に（明示的かどうかはわかりませんが）これらの新規事業や近年では
M&Aを活用したポートフォリオ戦略を重視しています。

　第七段階は「成果の定着とさらなる変革の実現」です。

　ここまでで、小さな単位で企業の変革が成果を生み、前に進み出した
ことが全社的にも理解されてくるフェーズに突入します。

　しかしながら、実はここが2つ目の落とし穴であり、変革型コンサル
タントがサポートしなければならない2つ目の重要ポイントでもありま
す。

　それはどうしてか。

　簡単に言うと、6段階までにたどり着くのが本当に大変だからです。
そこで、うまくいきそうだな、これで大丈夫かもしれないという空気が
組織に流れると、変革のスピードが遅くなったり、変革の打ち手が浅く
なったりして、前に進んでいかなくなってしまうのです。

　このような事象は多くの企業で必ずといっていいほど起こります。

◆ 社長の緩みと変革の停滞はセット

　ある中小メーカーでは、売上が16億円に対してここ1〜2年大きな赤
字が続く状態でした。

　そこで、上記のステップを参考にしながら、徐々に改革を行っていき
ました。

　2ヶ月後には会社の新たなビジョンと戦略を作り、3ヶ月後からは既
存事業のコスト見直し、一部事業撤退とセットで新規事業開発に着手。
若手の中途採用で入ってきた営業マンが飛び込みでもいいから新規事業
のセールスをやりたいと手あげてくれるまで会社が変わっていきました。

　ところが、新規事業でも受注が増えてきた半年後くらいから、社長が
「あとは任せるよ」と定期的に戦略会議に参加しないようになってきた
のです。ご自身は接待ゴルフに行っているようで、朝からの会議には出
れないということが理由でした。

　中小企業のプロジェクトではこのようなことが実際に起きるのです

（もちろんやんわりといまこそ社長のお力が必要であると窘めました）。

　更に大企業になると、この7段階目になったタイミングで経営者が代わり、また1からリセットというようなことも起きかねません。大企業の経営者といっても、数年で入れ替わるケースが多くあります。すると、前任と異なることをしようと考える新任の経営者が、改革をストップしてしまうということがあるのです。

　実際に、業績が悪化している大企業ではこのようなことが起きています。

　そこで、変革型コンサルタントは、今変革がどのような状態にあるかを常に意識しながら、プロジェクト、特に社長の思いがブレていないか、変革疲れを起こしていないかを点検しておく必要があります。

　そのためには、第7段階以降、社長とは例えば週1で1時間など、定期的にプロジェクトの進捗と方向性、今後さらなる変革のためにはどのようなことを行っていくべきなのか、そこでの社長の存在意義、そして現場が行うべきタスクをレポートしておく必要があります。

　変革に関する社長の今の率直なメッセージをまとめて、社内に配信するという中堅の人材企業も筆者のクライアントにはあります。社長の思いが伝わり、さらなる変革には有効な手段だと思います。

　最後に、変革のリーダーは社長であり、変革型コンサルタントは社長の右腕ですから、社長が常に変革の最前線に立ち、強い熱意を持って、走り続けることができるようにレールを引く必要があります。

　もちろん非常に大変な業務ですから、変革型コンサルタント自身が疲れたり、飽きたりしないように、きちんとした休息、そしてそれなりの報酬を得なければならないことは言うまでもありません。

　第八段階は「新たなアプローチを根付かせる」です。

　最後の8段階は、ここまで行ってきた変革の手順と、それによって得られた新しい事業プロセスや生産プロセス、事業戦略などを会社の新たなカルチャーとして根付かせなければならないということです。

　「組織（オーガニゼーション）には慣性（イナーシャ）が働く」と欧

米の企業変革の研究の中では、よく言われています。

　せっかく苦労して変えても、手を抜けば気がつけば元のように戻ってしまうのです。

　組織は生き物であり、やっかいなことに、常に人間の楽に楽に流されてしまう生き物です。

　常に元に戻ろうとする圧力に負けないためには、

①組織内に変革リーダーの卵を多数生み出す

②変革リーダーが担当する変革のプロジェクトを常に複数走らせる

③それらを外部にレポートする

の3点が必要だと筆者は考えています。

　これらを変革型コンサルタントはサポートしていく必要があります。

◆情報のレポートはコミットメントにつながる

　特に3点目の外部にレポートするということは他の書籍で触れられているところを見たことがありませんが、非常に重要な要素です。

　企業が変革していることを外に公表することは悪いことだと考えられる方も多いかもしれません。

　しかしながら、何も企業は悪いことを行っているのではなく、これまでに以上に企業を良くしようとするプロセスを行っているわけです。

　それらの情報をオープンにすることは、いいことはあっても、悪いことは少ないと筆者は考えています。

　取引先にとっても、顧客にとっても、金融機関にとっても、会社が今度どのような方向に進もうとしているのか、興味を持つことがほとんどだと思います。

　また、会社が積極的に情報を開示することで、良からぬ噂が立つことを抑える効果もあります。

　変革型コンサルタント自体が外部PRに詳しくある必要はありませんが、社長のメッセージや変革の進捗状況、会社の新しいビジョンなどを丁寧にまとめておく必要はあります。

　これらを外部のPRのプロに任せて、発信していくのです。

外部のPRのプロについては、様々なプロの紹介サービスがありますので、それらを社長にまとめて報告するだけでも十分価値があると思います。

　以上のように、変革型経営コンサルタントは、変革を起こすプロセス面のスキルとして、コッターの8段階の変革ステップと本書で紹介したようなミニケースについて理解しておく必要があります。これらの事例でご紹介したことは、実際に起きることが十分ありえる内容です。この説については定期的に目を通しておくことをおすすめします。

2-3 変革コミュニケーションと 期待値調整

　何をどのように変革していくかの論点が見え、変革を進めていくためのロードマップが手に入ったところで、最後に多くのコンサルタントが課題を持つ点が、コミュニケーションと期待値コントロールです。

　筆者が直近でコンサルタントの養成を行っている2つのIT系の企業の中でも若手コンサルタントから、顧客コミュニケーションと期待値調整はどうしたらいいのかという質問を受けましたので、まさにこの点については悩みを持たれている方が多いかと思います。

　本書は、一般的な企業変革を起こすためのコミュニケーションと期待値調整をテーマにしますので、少し一般的なコンサルティングとは異なるかもしれませんが、参考にしていただける点も多々あるかと考えております。

　まず変革コミュニケーションと期待値調整を行う上で必ず留意しなければならない点がありますので、冒頭で強調させていただきます。

　それは、論理的に正しいことを、ただ正しいと主張することには何の意味もないということです。

　これを聞くと「え？」と思われる方も多くいらっしゃるかもしれません。

　「正しいことを正しいと伝えずにどうするのか？」と。

　かくいう筆者のコンサルタントになりたての頃、ある大手企業の変革プロジェクトで失態を犯し、代表のこっぴどく怒られた経験があります。

　確かに論点思考を使い、変革の最重要論点と見極め、それを解決するための筋道立てることは、変革の成功確率を上げるための要素として70％を占めています。

　しかしながら、残りの30％は読者のクライアントがそれをやろうと本当に思ってくれ、共感し、一緒に走り出してくれることです。

◆変革コンサルタントは変革の成功がゴール

　つまり、変革型コンサルタントのゴールは、自身の言い分を通すことではなく、変革をゴールに導くことである、ということを肝に銘じなければならないでしょう。

　そうすれば、こちらが正しいと思うことをただそのままやってくれと押し付けるのではなく、例えば相手の経営陣の立場にも立ちながら、「このような課題があり、今後もこのような難題が降りかかると思いますが（ここまでは論点思考などで導かれた事実）、私も社長と同じくらい悩み、そして全力でサポートしますので、ぜひ一緒にプロジェクトをご一緒させていただけませんか（ここは感情論）」というようなコミュニケーションが重要だとご理解いただけるでしょう。

　特に企業変革は会社のセンシティブな内容ですから、一般的なコンサルティングのコミュニケーションに比べて、より慎重で丁寧、相手の心に配慮したコミュニケーションが求められます。

　次に変革コミュニケーションの方法については、図表2-6の通り、大きく分けて対象者の軸でニュアンスを含め3つに分かれます。それは、経営者層と現場層、金融機関の3つです。

　あくまでケース・バイ・ケースですから、「相手の立場に立つ」を優先し、参考程度に捉えていただくことをおすすめいたします。

　まず先に挙げた経営陣の場合は、コミュニケーションのスタンスとし

図表 2-6　対象別変革コミュニケーションのとり方

対象	変革コミュニケーションのスタンス	コミュニケーション頻度	成果報告
経営陣	論理70%、感情30%	最初は週1回以上 軌道に乗りだせば隔週	強気に報告
現場	論理20%、感情80%	最初は1日1回	現実的に報告
金融機関	論理100%、感情0%	月1回はマスト	コンサバに報告

て、論理が70％、感情が30％というのが感覚論ですが、参考になる水準だと思います（もちろん大企業の経営幹部などの場合には様々なタイプの方がいらっしゃいますので、そのタイプに合わせるのが必要ではありますが）。

　経営陣の場合は、強烈な危機感を持って頂くために、ある程度論理を全面に出して、現状を腹落ちして頂く必要があります。また変革がスタートした場合においても、現実にどこがどのように変わっていくのか、その時間軸はどうなっているのか。といった点を論理と事実で付き止めていく必要があります。

　そのため、論理の要素が強くなるのです。

　一方で、論理だけでは経営陣も人間ですから、なかなか本気になることはできません。

　変革型コンサルタントはここでも「皆さんの苦労はわかりますよ」「私も率先してがんばります」という感情面に訴え、プロジェクトを推進していくスキルは必要不可欠です。

　また成果の報告を行うときは、あまり現実的に報告をしすぎても経営陣の不安感が拭えないので、ある程度「こんなことが生産工程で整備されています」など**クイックウィン**（早期の成果）を意識したコミュニケーションが重要ではないかと考えます。

◆ 現場を動かすのは感情

　次に、現場です。現場は論理も大事ですが、感情面が重要です。

　先に述べたとおり、現場は変革疲れを起こしていることがあり、「またか」と白けている社員も少なくないでしょう。

　そんな中に外部からコンサルタントが入っていき、「あなた達の課題はAですから、Bしてください」と言ったところで、総スカンを食うだけで、変革のスタートラインにも立てないことでしょう。

　ですから、下記のような共感型のコミュニケーションがおすすめです。

　「皆さんがこれまでいろんな変革や改革プロジェクトを経験されてきたことは存じています。なかなか成果が出ない中で、また変革のテーマ

でコンサルタントがやってきたかとお思いでしょう。私も皆さんの立場であったら、そう思います。大変だし、大して給料も上がらないしともお思いでしょう。

でも、今回は私がＡという問題に対してＢという方法で会社を変革することで、会社を良くすることを先日Ｃ社長以下役員と合意しました。役員とは変革の成功で企業収益が改善される場合には、功労者を中心に給料改定や希望職種への配属を優遇する旨を確約してあります。

私も微力ながら皆さんをサポートさせていただきたいので、ぜひ力を貸してください」

このような、共感型のコミュニケーションが重要で、信頼を得てから、具体的な論理の話を詰めていけば、すんなりと協力してもらえる体制を組むことが出来るはずです。

特に変革の初期には、このような話を各部署と1日1回、現場の課題感のヒアリングと合わせて行われることをおすすめします。

最後に金融機関です。

もし業績悪化について、金融機関から懸念が示されている場合、コミュニケーション相手として、金融機関も重要です。

ただし、金融機関には論理100％です。

クライアントの課題、業界動向、今回の変革の大きな論点と方向性、施策、スケジュールなどを事細かに説明する必要があります。その際に勘定に訴えると、逆に「相当困ってるんだな」とか「安っぽい会社」という悪いイメージがついてしまうので、避けることをおすすめします。

また頻度は、月1回はマストで報告を行うべきですし、その際は、実際の進捗と同等もしくはややコンサバティブなスケジュールと効果で伝えるほうが、のちの事業運営にも有利に働くと考えています（このあたりは、武蔵野代表の小山昇氏の書籍に詳しいです）。

3点目に、期待値調整です。

期待値調整もコンサルタントの腕の見せ所であり、期待値調整がうまく行かなければ、プロジェクトがうまく進んでいたとしても、なかなか

理解されないという悩みを抱えるケースが多く見受けられます。

　この期待値調整についても経営陣と現場の2つの軸をベースに図表2-7を見ていきましょう。

◆経営陣の期待値調整は等身大の自分で

　まず経営陣には、実績や経験を角に大きく見せるのではなく、等身大を説明する必要があること。そして、変革には大きな労力と時間がかかる割に、絶対に成功するものではないということを冒頭で明確化することが重要です。

　また経営陣との期待値がずれてくると、PJTが失敗する高いので、早め早めにお互いですり合わせと軌道修正をしておく必要があります。

　経営会議や戦略会議など変革に冠する会議体で月1回行うことはマストです。

　その際にはストレートに、「私の進め方や今後のプロジェクトについてご不明点や改善点などご指摘いただけるポイントがあれば忌憚なくおっしゃってください」と話すようにすれば、会議中に意見を得ることができることも多々あります。

　次に、現場です。

　現場は「このコンサルタントは信用できるのだろうか」という疑いの

図表 2-7　期待値調整の方法論

対象	期待値の初期設定	期待値の調整頻度	サポート材料
経営陣	自分の実績や出来ることを大きく見せすぎない。変革には時間と大きな労力がかかる一方で、成功するとも限らない点を強調。	経営陣との会議の都度	他社の変革事例 最先端海外事例
現場	過去の経験などから信頼できる人だという安心感を与える。一方で、経営陣への不平不満の窓口ではないことを予め伝える。	月1回程度	業界データ 業界事例事例

目で見ています。そのため、自身は信頼できる人物であるということを、例えば有名なクライアントや、類似企業などでの事例などを使いながら、信頼を勝ち得ることが重要になります。また、変革のプロセスがスタートすると、よくあるのが、コンサルタントを経営陣の不平不満の橋渡し役として使おうとする社員です。

これらの不平不満については、「私としては会社をよくするために社長に雇われているから現場としての意見は尊重する。しかしながら、時間とお金の関係で、変革のために優先なことと、後回しにしなければならないことが出てきてしまう点はご了承いただきたい。」というコメントがベターであると思います。

これらの内容は月1回以上、せっかくなら現場は内向きでなく、外に目を向けてほしいため、参考になるような業界データや事例を集めることが重要であると思います。

以上第2章では、変革型コンサルタントとして、最も重要なスキルである論点思考と変革スキルとしてもコッターの8段階モデル、そしてプロジェクトを推進する上で必要不可欠な変革コミュニケーションと期待値調整について解説しました。

次章では本章に付け加えて重要なフレームワークや考え方を学んでいきましょう。

変革のためのフレームワーク

変革型コンサルタントが変革をリードするた
めには、状況に応じた適切なフレームワークを
活用することが有用です。フレームワークは覚
える必要はありませんので、どのような状況で
使えるのかを理解して頂く必要があります。戦
略フレームワークとして５つのフレームワー
クを、組織フレームワークとして４つのフレー
ムワークを、テクノロジーフレームワークとし
て、３つのフレームワークを紹介します。

戦略フレームワーク

　前章では、変革型コンサルタントがプロジェクトを成功裏に導くために最も重要な要因である、

①論点思考

②変革スキル

③変革コミュニケーションと期待値調整

について解説を行っていきました。

　本章ではこれらを利用し、プロジェクトを推進していく上で、追加で知っておいていただきたい理論やフレームワークをまとめています。

　しかしながら、本書はフレームワークの紹介本ではありませんから、あくまで変革のために参考となるフレームワークに絞り、それ以外の基礎的なフレームワーク、例えばファイブフォース分析、3C分析、STP分析などについては、類書に譲りたいと思います。

　本章では、変革コンサルタントが知っておきたい戦略フレームワークについて解説をしていきましょう。

　まず戦略フレームワークそのものではありませんが、論点思考を効果的に用いるためのフレームワークとして筆者が重宝しているフレームワークをご紹介します。

　それは、**因果関係図**です。

　図表3-1をご覧ください。

　因果関係図は、企業の論点を1つ1つホワイトボードなどに書き、それらを関係する物同士線で結ぶことで、どの要素が他の要素と密接に関係している重要な論点なのかをあぶり出すのに有効です。

　今回のケースは飲食店においてピーク時のオペレーションがうまく回らないという原因について整理をしています。

　まず中心に「ピーク時のオペレーションが回らない」ことを記載したら、周りにその要因を記載していきます。

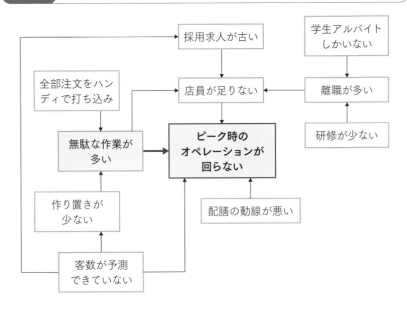

図表 3-1 因果関係図

　例えば、店員が足りないこと、オペレーションが煩雑なこと、お客さんの客数予測ができていないこと、などを要因として書き、それぞれがどのように関連しているのかを線でつなぎ合わせていきます。

　そうすると、オペレーションが回らない原因としてピーク時に店員が足りないから、店員を追加しよう。求人広告が古いから見直すとともに、主婦層にもリーチしようという解決策を出しがちです。

　しかしながらこの因果の関係図を見ると、ピーク時のオペレーションが回らない最大の要因は無駄な作業が多いからであり、その真の要因は、客数がある程度の精度で予測されていないところに原因があり、それが必要な店員数にも影響していたということが言えます。

◆因果関係図はロジカルシンキングよりも深い分析が可能

　このように一般的なロジカルシンキングでは得られない、深い論点レベルを把握するためには、因果関係図は非常に有効です。

　しかしながら因果関係図は非常に難易度が高いフレームワークなので、

企業が自社でやるには難易度が高いケースがあります。

　そこで、変革型コンサルタントがマスターし、議論をリードする役割を担うことで、参加者が迷子にならないようにする必要があります。

　また因果関係図が企業変革において有効な点として、皆がホワイトボードに集まって、アイデアを出し合いながら、論点を深めていくことが出来る点にあります。

　特に経営陣や現場で同じ議論をさせると、経営陣だから見えている視点、日々お客様やサプライヤーと接している現場だから見えている視点が異なることがわかります。これをお互いに照らし合わせてみると、会社が向かうべき方向性が明らかになるケースが多々あります。

　筆者も某飲食グループの再生に関連して利用しましたが、経営陣からも現場からも会社の次に繋がる議論ができました。

　ここで重要なのは、経営陣が作成したものは絶対的なものではないということです。

　現場しか見えていない重要な論点があることをコンサルタントが忘れずに拾い上げ、それぞれの論点を見比べながら、真の論点はなにかについて理解を深めることが必要になります。

　時には、変革型コンサルタントは、例えば「重要性と緊急性」「売上インパクト×実行可能性」といった軸で経営陣の論点と現場の論点を整理、評価していくということも有効です。

　因果関係図はロジカルシンキングや論点思考の応用系という立ち位置だったため、以下でより戦略面で利用できるフレームワークを解説していきます。

　まず戦略フレームワークで筆者がよく利用するものとして、PARTS分析を取り上げます。

　PARTS分析とは、経済学のゲーム理論の研究者であるアダム・ブランデンバーガー氏とバリー・ネイルバフ氏が『ゲーム理論で勝つ経営』（日経ビジネス人文庫）で示したフレームワークです。

　彼らは、企業が既存事業において新たな事業戦略を立案しなければな

らない状況に直面した場合、自社の競争優位性を高めるためには PARTSという5つの要素があることを理解し、それぞれどの要素をどのように変えるべきなのか、変えなくてもよいのかを理解することで、既存事業、新規事業で競合に勝つ方法を生み出せると指摘しています。

具体的にPARTSの各要素については、図表3-2をご覧ください。

まずPlayersは、特定の業界に存在するすべての参加者です。

自社もそうですし、競合、顧客、サプライヤーなども該当します。今までの競合が利用していないサプライヤーを活用することはできないか、そもそも顧客のターゲットを変更することで競合に勝つことはできないか、このような視点で事業を捉え直すことができます。

2つ目のAdded Valuesは、顧客やサプライヤーにどのような価値を提供できるかという視点です。

サービスを付帯すること、今までにない製品を提供することなどが付加価値を増加させる手段が一般的です。

3つ目のRulesは、既存の業界慣行や法制度です。

特に歴史の長い業界では、慣行や「あたりまえ」に縛られている競合が多数存在するケースがあります。業界全体だけでなく、地域的な慣行のケースも存在します。業界慣行を無視したり、法改正などの機会を活用し、競合をかわす方法はないか、このような視点を持ってください。

図表3-2 PARTS分析フレームワーク

要素	意味	概要
Players	競合	業界全体の付加価値の配分を受ける参加者（企業、顧客、サプライヤーなどすべて）
Added Values	付加価値	プレイヤーが創造する価値と配分する価値
Rules	競争のルール	競争の仕方（法や業界慣行など）
Tactics	戦術	顧客の購入・継続の意思決定を容易にさせる要素
Scope	事業の対象範囲	製品・サービスの対象範囲

4つ目のTacticsは、顧客の購入の意思決定を容易にする要素です。

一括払いを月額払い（サブスクリプション）に変更したり、一定額もしくは一定期間までは無料にするなど価格やサービス条件を変更することで、競合を超えることはできないかを検討します。

最後のScopeは、製品やサービスを誰に提供するかという戦いのフィールドを指します。

製品やサービスの提供相手を変更し、既存のサービスに多少の改良を加えることで、別の市場を手に入れることはできないのか、このような視点でクライアントの事業を見つめ直すことができます。

◆ PARTSの変更で勝ったキヤノン

ネイルバフらは、PARTSの各要素を変更して成功した事例として、アメリカでキヤノンが大手のゼロックスを出し抜いて、コピー機市場を獲得していった事例を挙げています。

1961年当時のコピー機市場は大型で、ゼロックスとリース契約することが当たり前になっており（Players）、特に官公庁や大企業では独占的な市場でした（Scope）。

ゼロックスは4万人のメンテナンススタッフを擁して、紙詰まりやメンテナンスをサポートしていました（Added Values）。

ゼロックスのビジネスモデルは、月額95ドルの基本リース料金で、2000枚までは無料で利用でき、2000枚以上は1枚4セントという価格帯になっていました（Rules）。

この独特の価格帯は、顧客からすると、2000枚まではタダだからコピー機を導入して印刷してみようという、購入の意思決定の重要な要素になっていました（Tactics）。

しかしながらキヤノンはトナーカートリッジという小型のコピー機を開発すると、自社だけでなく、事務用品店や家電量販店とアライアンスを組み、販売するチャネルを開拓してゼロックスの顧客網に対抗しました（Players）。

顧客は小型のコピー機であるためスペースを必要とせず、メンテナン

スに電話をしなくても、自分でトナーを変えたり、紙詰まりを直せたりするようになりました（Added values）。

またキヤノンのビジネスモデルは本体リース料＋紙代ではなく、トナーカートリッジのインク代であり（Rules）、本体は売り切りにしてしまうことで、リースと違い、一度払ってしまえば、追加のお金が必要なくなるという意味で、小さな企業でも導入しやすくしました（Tactics）。

結果的に、キヤノンはこれまでのゼロックスが相手にしていた官公庁や大企業ではなく、アメリカの多くを占める、中小企業や街の商店や士業、一般家庭という巨大な市場を獲得することになりました。

このように、PARTS分析はクライアントと共に、自社の事業を棚卸ししながら、どのように競争に勝っていけばよいか、論理的に分析をすることが可能なフレームワークとして重宝します。

次に、新規事業の参入に際して先行者で参入するべきか、後発者が良いのかについて判断する際に活用できるフレームワークをご紹介します（フレームワーク名は残念ながらありません）。

ボストン大学のフェルナンド・スアレスとロンドン・ビジネススクールのジャンビトー・ランツォーラが2005年にハーバード・ビジネス・レビューで紹介したフレームワークです。

彼らは新規事業を検討するに際して、先行者が有利なのか、後発者が有利なのかという経営上の大きな疑問に対して、市場と技術の2つを分析することで、先行者であるべきか否かは判断できると、非常に明快な回答を示しています。

図表3-3をご覧ください。

新規参入を検討する市場は市場の拡大スピードと技術の進歩のスピードによって大きく4つに分類されます。

1つ目が、市場の拡大も遅く、技術の進歩も遅い平静型の業界。一般的には伝統産業やインフラ産業が該当します。

このような業界では、先行者利得が長く安定的に続き、後発で参入するには技術的な変化を待たなければなりません。

| 図表 3-3 | 市場と技術の複合効果による業界分類 |

市場が拡大するスピード

	遅い	速い
技術が進歩するスピード 遅い	**平静型** 例：セロハンテープ	**市場主導型** 例：ミシン
速い	**技術主導型** 例：デジカメ	**激動型** 例：PC

出典：フェルナンド・スアレス、ジャンビトー・ランツォーラ「先行者利得の真実」『DIAMOND ハーバード・ビジネス・レビュー』2005年8月号 p25

　2つ目が、技術の進歩スピードは緩やかですが、市場の拡大が速い市場主導型です。少し前の音楽プレイヤー業界や現在のスマートフォン業界などがこの分類に該当します。

　このような業界では、短期的には大きな先行者利得を得ることが出来る可能性がありますが、中長期的に先行者利得を維持するためには、マーケティングやブランド投資、営業や流通チャネルの整備を積極的に行う必要があり、企業体力が必要になります。そのため、先行者が大企業ではない場合、後発者にもチャンスがある業界です。

　3つ目が、技術進歩が急速である一方で、市場の拡大は緩やかな技術主導型の業界です。

　例えば、昨今のブームになりつつあるメタバースやNFTといった業界がいい例でしょう。

　このような業界は、顧客が増えて収益を拡大するよりも早く、技術が進歩していくために、先行者利得を得ることが短期的にも中長期的にも膨大な資金力がなければ非常に難しい業界です。

◆ **激動型では後発企業が有利**

最後に、市場の拡大も技術の進歩急速な激動型です。

例えばインターネット需要の爆発的な増加とともに、インターネットにアクセスするためのブラウザー企業のリーダーは移り変わっています。

世界で初めてブラウザーを開発したのは、ネットスケープですが、資金力のあるマイクロソフトが参入し、市場を独占。ネットスケープは通信大手のAOLにM&Aで売却しました。一方で圧倒的な市場シェアを誇ったマイクロソフトもGoogleの参入により、世界シェアの64.5％がGoogle、シェアの2位が19.1％でAppleのサファリ、3位にマイクロソフトが3.99％となってしまっています。

このような激動型の市場では、短期的な先行者利得は得られるものの、中長期的には先行者利得を得ることは難しく、後発者に大きなメリットがあります。

以上のように、クライアントが参入する市場がどのような市場なのか、技術と顧客の変化から、とにかく先行者で参入したほうが良いのか、それともじっくりと準備をし、機を見計らったほうが良いのかを把握することができます。

ちなみに、現在では多くの人が検索エンジンを活用するため、顧客の需要変化の度合いを「Googleトレンド」などでキーワードを入力して把握する方法がよく利用されています。

次に、既存事業と新規事業のバランスをどのようにしたらよいか、どの程度飛び地の事業にチャレンジしてもよいのか、という企業変革でのよくある悩みに参考になるのが、イノベーション戦略マトリクスです。

イノベーション戦略マトリクスは、既存事業、既存事業の周辺事業、全く新しい新規市場への投資のバランスを優れた企業はどのように配分しているのかについて、モニター デロイト（当時モニターグループ）のバンジー・ナジーが提唱したフレームワークです。

図表3-4の通り、ナジーは、アンゾフの成長ベクトル[1]を参考に、企業の活動領域とビジネス展開の方法から3つの領域を特定し、それぞれの

図表3-4　イノベーション戦略マトリクス

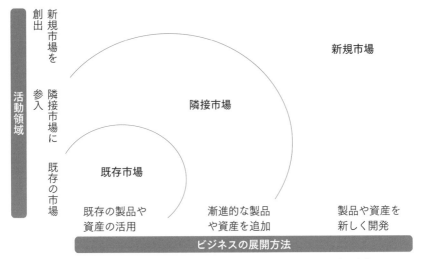

出典：バンジー・ナジー、ジェフ・タイ「イノベーション戦略の70：20：10の法則」『DIAMOND ハーバード・ビジネス・レビュー』2012年8月号p33を筆者にて和訳修正

投資比率について調査しています。

　まず既存市場に対して、既存の製品や資産を活用するなどして、それらに継続的な改良を加える、いわゆる既存事業には、全体の70%の投資額を振り分けることが良いとしています。

　次に、既存事業の隣接市場において、既存の製品や資産を活用するなどして、継続的な改良を加えた製品を投入することに加え、新たな製品を投入することも含めて、これらの活動に全体の20%を投資することが良いとしています。

　最後に、全く新しい市場に対して、既存の製品や資産を一部活用しながら、新たな製品を投入する活動には、残りの10%を投資します。

　以上、それぞれ70%：20%：10%の比率で投資を行うことが、黄金

1　アンゾフは成長戦略の方向性として、既存市場・既存製品、既存市場・新規製品、新規市場・既存市場、新規市場・新規市場の4つの領域を成長ベクトルとして定義した。

比率だとしています。

　ナジーはしかしながら、すべての業界で黄金比率が当てはまるわけではないとも指摘しています。

　具体的には、競争の変化が緩やかな消費財の場合は、80％、18％、2％。競争の変化が中程度の工業製品メーカーの場合は黄金比率通りの70％、20％、10％。一方で競争の変化が激しいハイテク産業の場合は、45％、40％、15％のバランスで投資するのが合理的であるということです。

　先の先行者利得に関するフレームワークでもあったとおり、クライアントがどの業界に属しているか（新規事業の場合属そうとしているか）かによって、採るべき戦略を冷静に見極める必要があります。

　これらも自社で判断を行おうとすると、つい恣意的な判断をしがちです。客観的な判断が求められるからこそ、このフレームワークを知っておくことで、クライアントに貢献することができると考えます。

◆企業間のコラボレーションの４領域とは

　戦略フレームワークの最後に、デジタル化時代において、様々な企業や顧客、各種サービス提供企業と組んでイノベーションを行うオープンイノベーション時代において、どのような方法でコラボレーションを行い、オープンイノベーションを推進すればよいのかを検討する上で参考になる、コラボレーション・ネットワーク４類型を紹介します。

　コラボレーション・ネットワークの４類型は、ハーバード・ビジネス・スクールのゲイリー・ピサノとミラノ工科大学のロベルト・ベルガンティが提唱したフレームワークです。

　図表3-5の通り、彼らは、イノベーションプロジェクトにおけるコラボレーションの方法として、参加者に開放的なネットワークか、閉鎖的なネットワークかと、ガバナンス構造が階層的かフラットかという４つの象限で分類しています。

　参加者に開放的で、ガバナンス構造が階層的な方式は、イノベーショ

図表 3-5 コラボレーション・ネットワークの4類型

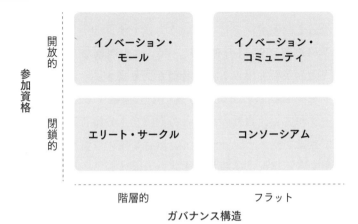

出典：ゲイリー・P・ピサノ、ロベルト・ベルガンティ「コラボレーションの原則」『DIAMOND ハーバード・ビジネス・レビュー』2009年4月号

ンモールと呼ばれています。

　Yahoo!知恵袋の法人版をイメージしていただき、ある企業が抱えている問題を後悔し、それに対して不特定多数が解決策を提示。

　その中で最も優れたものを企業が選択するようなオープンイノベーションの方法がイノベーションモールです。

　このパターンは、低コストで様々な解決策を集めることができることにメリットがあります。

　一方で、参加者が知らないような複雑な課題に対して回答を得ることは難しいため、簡単なアンケートや投稿ツールで、個々の参加者が回答できるような問題でのみ活用ができます。

　例えば、ある製品をもっと甘くしたほうがいいかとか、形を変えたほうがいいか、ネーミングはどうか、パッケージはどうか、法人向けであればある技術を他に買ってくれそうな業界はあるかといったレベルの課題で利用できると考えます。

　2つ目が、参加者に閉鎖的で、ガバナンス構造が階層的な方式は、エ

リート・サークルと呼ばれています。

　この方式では、問題も参加者も企業が選び、その選ばれた専門家が、テーマに沿って問題解決を行うという方式です。

　デザインの専門家やAIの専門家、ゲノム専門家など、特定分野に長けている人のみが参加出来る点に特徴があります。

　このパターンは、自社で問題も専門家も選択する必要があるため、ネットワークが広く、自社の課題と方向性を十分に特定できる場合にのみ利用ができます。メーカーなどで、既存事業の改善をどのように行うかなど利用できる状況はある程度限定されます。

　3つ目に、参加者に開放的で、階層構造がフラットな方式は、イノベーション・コミュニティと呼ばれています。

　この方式では、不特定多数の参加者が各々で問題を提起したり、解決したりを行う方式です。ITシステムの世界では広く行われる方法になってきています。

　このパターンは、参加者を広く募り、幅広い意見をもらうことができる一方で、どのようなルールの中で問題を提起したり、解決したりするかを考えなければ、コミュニティが崩壊していく恐れがあります。

　そのため、企業側で参加者の議論内容のコントロールを行う必要があります。

　最後に、参加者に閉鎖的で、階層構造がフラットな方式は、コンソーシアムと呼ばれています。近年、ビジネス誌でも度々話題となるオープンイノベーションの方式です。

　コンソーシアムは、参加者が共同で問題を選定したり、解決策を選定したりするグループで、例えばGoogleが主幹事として総務省や経産省などを後援に、日本リスキリングコンソーシアムという個人のデジタルスキルを磨くことの出来る講座を提供するコンソーシアムを展開しています。他にも、大学と大手不動産デベロッパーを中心としたまちづくりのコンソーシアムなども登場してきています。

　このように、オープンイノベーションを推進する方法は1つだけでなく、複数のパターンが有り、それぞれに善し悪しがあるため、クライアントが解決したい課題のパターンに応じて、適切な設計する必要があります。

　以上の議論はオープンイノベーションの議論がまだ黎明期の日本では十分理解されておらず、読者がコンサルタントとしての知見を発揮する良い機会になると考えます。

組織フレームワーク

前節では、企業の変革を行う際に、参考となる戦略フレームワークを紹介・解説してきました。

本節では、組織のフレームワークについて見ていきましょう。

まず前提として、組織というものを正しく理解するためのフレームワークとして、3Sフレームワークを紹介します。

3Sは組織論における古典的名著である波頭亮氏の『組織設計概論』（産業能率大学出版部）で紹介されているフレームワークです。

図表3-6の通り、3Sとは、組織設計を行う際の要素をStructure（組織構造）、System（精度・ルール）、Staffing（人材配置）の3つで説明するフレームワークです。

3Sを決定することで、組織メンバーの行動様式を決定することになるといいます。そして、3Sをどのように設計／変化させるかにより、意図するCulture（組織風土）を設計することが可能になります。

図表3-6 組織の3Sフレームワーク

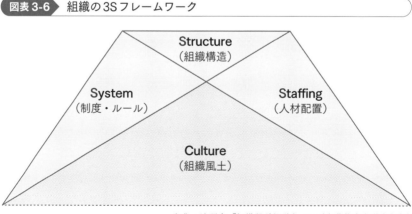

出典：波頭亮『組織設計概論』p25（産業能率大学出版部）

そのため、企業変革の重要要素であるカルチャーを変えるために、3S
について理解しておく必要があります。

波頭氏によれば、Structureにおいては、
①組織ユニット
②位相
の2つの要素を検討する必要があるといいます。
　まず、①組織ユニットとは、全体組織の中にどのような個別組織ユ
ニット（単位）をもたせるかという観点です。
　例えば、管理本部の中に、総務部や経理部、人事部、法務部を作ると
いう考え方もあれば、管理部の下に総務部と人事部、法務部を作り、経
理財務部の下に経理部と財務部を作るなど、会社によって、組織ユニッ
トの構成はまちまちです。
　ここで組織ユニットをどのような意図で分けるべきかというと、それ
ぞれのミッションとミッションに基づいて決定される、
①責任
②権限
③リソース
④評価・報酬
の4つの要素によって分けられるということになります。
　管理本部がある企業では、管理本部が各部の方向決めやリソース配分、
評価を行うミッションを持ち、各部がそれにしたがって、各部のミッ
ションに基づいて活動するという形体になりますし、管理部の下に総務
人事系があるケースでは、管理部は総務と人事部分にのみ、その役割を
担うという形になります。

　このように、全体組織の中に、どの部をどのようなミッションで存在
させることは、組織運営上重要な意味を持たせなければなりませんが、
外部環境の変化が早く、DXの時代において、旧態依然とした組織のマ
マとなっている企業が多くあります。

また昨今のブームのように思えますが、お飾りのようにDX推進部などを設置したとしても、そのユニットとしてのミッションと各4要素が実際にはあってないようなものであっては、意味をなしません。

　DX推進部にどんなミッションをもたせ、どんな責任、権限を与え、そしてどのようなヒト・モノ・カネを用意し、それらを踏まえた評価・報酬を提供するのか。これを決定しなければまさに絵に描いた餅なのです。組織ユニットをどのように構成するのかは、変化の激しい時代において、企業変革を行う上での重要な要素になります。

◆「位相」はどう組織をつなぎ合わせるか

　次に、②位相とは、各組織をどのようにつなぎ合わせるかという観点です。

　機能別組織や事業部別組織、マトリクス組織といった、いわゆる組織構造に関する決定はこの位相という観点で考慮することになります（組織構造に関する基礎的な知識を学習されたい方は、高橋伸夫『大学4年間の経営学が10時間でざっと学べる』（角川文庫）をご一読いただくと良いでしょう）。

　そして、この位相のうちどれを採用するかによって、組織内で製品やサービスの生産プロセスが変わるだけでなく、どのように指示や報告がなされ、連携がなされるのかの関係が決定されることになります。

　例えば、機能別組織は、組織を購買部や研究開発部、製造部、営業部など各事業機能に沿って組織を分ける方式です。

　しかし、この位相を採用すると、各部が専門特化をしていくため、各部は自部署の専門情報を出す一方、他部門からは自部署に直接は関係しない専門情報を受け取ることになります。

　すると、能動的に部門間で情報を交換しなければ、自部署の中に蛸壺化し、新しい製品を生み出したりする際に弊害が生じる恐れがあります。

　一方で、事業部別組織はその反対で、事業部ごとに各機能が揃っているため、このような問題は生じにくいですが、事業部間では同じような

ことが起き得、隣の事業部のことは自事業部に直接は関係がないため、事業間のシナジーが生まれないといった弊害が生じる恐れがあります。

このStructureが実は組織論の中で一番積極的に議論されている分野になりますが、その分、最も変更することが難しい分野になります。

もし仮にクライアントのStructureを変更しようとした場合、短期間で一気に行うと、組織内で混乱を招く恐れがあり、社内だけでなく顧客にも迷惑がかかることがあります。

そのため、一気呵成の戦略を採用するのではなく、子会社や新事業組織で試してみるといった、充分なテストを経た後に、行うことが得策です。

次に、Systemとは、各組織ユニットや組織メンバーがどのように活動するべきなのかを定めたルールや仕組みになります。

具体的には、
①意思決定システム
②会計システム
③人事システム
の3つになります

まず、①意思決定システムとは、会社の規程類や報告・稟議書のルール、会議体のルールといった、全社および各組織ユニットがどのように意思決定をしていくのかを定めたシステムを指します。

次に、②会計システムとは、企業および各組織ユニットの活動について、どのように金銭的に評価していくのかというルールのことを指します。

予算管理のルールや原価計算のルール、設備投資のルールといったルールが該当します。

最後に、③人事システムとは、ご存知の通り、各メンバーの活動やその活動に対する評価・報酬の決定のルールを指します。

第3章 変革のためのフレームワーク

具体的には、職位や階層のルール、人事考課のルールや報酬決定のルール、採用方針、各種の福利厚生のルールなどが該当します。

このような、SystemはStructureと比べると半年〜1年で変更が容易であり、特に人事システムは、先にも述べたとおり、組織変革では大きなインパクトを持つことがある点を再度確認してください。

◆ Staffing は中長期の育成が重要

最後に、Staffingとは、各組織ユニットに各メンバーを配置（アサイン）することです。

もし、同じStructureで同じSystemを採用していた場合でも、誰をそこに配置するのかによって成果が変わることは、例えば筆者が明日からソフトバンクグループの社長になったとしても、当然孫正義代表取締役よりも成果を出せないことは明々白々です。

既にご存知かもしれませんが、ジム・コリンズの『ビジョナリー・カンパニー2』（日経BP社）では、まさにこのStaffingこそが最も重要だという意味で、「誰をバスに乗せるか」が重要だと指摘しています。Staffingには、企業が短期的に成果を上げるためにStaffingと中長期的に成果を上げるためのStaffingがあり、短期的なStaffingを重視しすぎると、メンバーが短期的な視野に陥ったり、中長期的に会社を支えていく人材が育たなかったりするという問題が生じます。

先にも議論した通り、中小企業のオーナーで、ご子息を子会社や新事業の責任者にし、中長期的に経営者としての腕と器を育ててから、本社や本丸の組織のトップに据えるというのは、このような問題を生じさせないためになります。

また、組織変革の重要な方法として紹介した、抜擢や更迭もこのようなStaffingの議論になります。

以上の3Sをどのように設計するのかという考え方は3Sは組織論の基本ですが、企業変革の際に、戦略やマーケティングには目がいくものの、つい忘れがちなポイントになります。

　組織論の基礎的な内容に不安を覚えられた方は、『組織設計概論』および沼上幹『組織戦略の考え方』（ちくま新書）をご一読されることをオススメいたします。

　組織論の基本のフレームワークを確認した次に、企業変革における古典とも呼ばれるレヴィンの「変革モデル」を紹介します。

　レヴィンは1947年に発表した本モデルで、「Unfreeze（解凍）」→「Change（変化）」→「Freeze（凍結）」という流れで、変化・変革は前の状態から後の状態へと移行する移行作業であると指摘しています。

　まず、「Unfreeze（解凍）」とは、今まで正しいと考えていた価値観や姿勢、習慣、固定観念を一度溶かしてしまい、新しい価値観や姿勢などを受け入れるための準備をする段階です。

　次に「Change（変化）」とは、Unfreeze（解凍）段階の準備ができた後に、実際の変化のプロセスを進展させ、新しい状態に移行する段階です。

　最後に「Freeze（凍結）」とは、変化後の新しい状態を定着させる段階です。

　このレヴィンの変革モデルは非常に単純ですが、変化をいかに起こすか、そしてそれをいかに継続させるかという点で、ベースとなる考え方を提供しています。

　このレヴィンの変革モデルは3つの段階が同じレベルで語られているように思えますが、実際には、Unfreeze段階とFreeze段階があるからこそ、Change段階が機能すると言えます。

　特にUnfreeze段階では、レヴィンが指摘する今までの価値観や姿勢などを見つめ直す工程が必要です。

　「いきなり明日からこうだ」と上から落としたところで、カリスマ経営者以外では、着いてくる人は殆どいません。むしろ先述の通り、「またか」、「そのうち飽きるでしょ」と思われるだけです。

　次に、まずは現状がどのようになっているか把握したら、それをどの

ような姿、あるべき姿にするべきか、というステップが必要になります。

この「あるべき姿」というものについては、後述しますが、実際に策定をしてみようとすると、外部環境がそもそもどうなっていて、自社がどのような環境に属しているのか、という非常に難しい問題を、未来の視点から考えなければならないというステップがあります。

この「あるべき姿」を定義し、それを社内に共有し、理解させ、腹落ちをさせることができた段階がレヴィンの言うUnfreezeの段階が終了した段階なのではないかと筆者は考えます。

次に、Freeze段階では、第2章で紹介したコッターの理論のように、新しい状態を定着させることが必要だと指摘しています。

この定着のさせ方として、第2章では3つの方法として、

①変革リーダーを多数養成する
②組織内に常に変革プロジェクトを走らせる
③それを外部に公表する

というポイントを説明しましたので、内容を忘れてしまった方は、一度戻って確認していただければと思います。

◆危機に生き残る企業は集合的野心を持つ

では、危機の中で強く生き残る企業にはどのような組織の特徴があるのかについて、「集合的野心（collective ambition）」というフレームワークを紹介します。

集合的野心のフレームワークは、ノースカロライナ大学チャペルヒル校教授のダグラス・レディとMITスローンスクールの当時博士課程に所属していたエミリー・トゥルーラブが、リーマンショックの中でも勝ち抜いた企業の特徴をベースに、45社の企業を調査して提唱しているフレームワークです。

図表3-7の通り、集合的野心には7つの要素があります。

まず、近年のブームとも言える、目的（パーパス）から7つの要素はスタートします。自社の存在理由であり、または核となるミッション、

| 図表 3-7 | 集合的野心の7つの要素 |

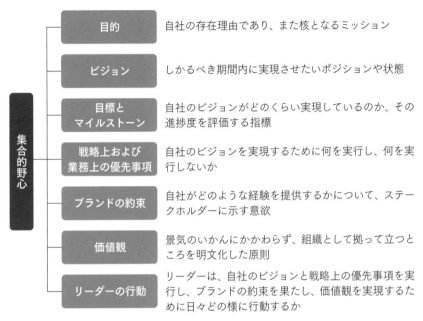

	目的	自社の存在理由であり、また核となるミッション
	ビジョン	しかるべき期間内に実現させたいポジションや状態
	目標とマイルストーン	自社のビジョンがどのくらい実現しているのか、その進捗度を評価する指標
集合的野心	戦略上および業務上の優先事項	自社のビジョンを実現するために何を実行し、何を実行しないか
	ブランドの約束	自社がどのような経験を提供するかについて、ステークホルダーに示す意欲
	価値観	景気のいかんにかかわらず、組織として拠って立つところを明文化した原則
	リーダーの行動	リーダーは、自社のビジョンと戦略上の優先事項を実行し、ブランドの約束を果たし、価値観を実現するために日々どの様に行動するか

出典：ダグラス・レディ、エミリー・トゥルーラブ「組織の「接着剤」と「潤滑油」が生み出す「集合的野心」の力」『DIAMONDハーバード・ビジネス・レビュー』2012年4月号p53

例えば「全世界の健康と福祉のために、優れた科学的貢献を果たす」というパーパスを世界的なバイオ製薬会社は掲げています。

次に、ビジョンです。

目的に定められた事項について、しかるべきタイミングでどのようなポジションや状態を実現したいかについて明確化します。

先のバイオ製薬会社では、「最先端を走るバイオ製薬会社、そして栄養サービス分野のリーダーになる」というビジョンを掲げています。

3つ目に目標とマイルストーンです。

これは、ビジョンがどの程度まで進捗しているのかを測るための指標を指します。

先のバイオ製薬会社では

①中国とインドにおいて業界3位以内に入る

②両市場において特許取得件数で1位または2位を維持する

③世界一流の医療教育研究機関からパートナーとして選ばれる

という非常に明確で定量化された目標とマイルストーンを定めています。

　4つ目に戦略上の優先事項です。

　これは、ビジョンを達成するために、何を優先して実行し、何は実行しないのかを定めることを指します。

　先のバイオ製薬会社では、品質を低下させることなくコストを年2％削減すること。新製品を上市するまでのサイクルを年5％短縮することなどを定めています。

　5つ目にブランドの約束です。

　これは、自社が提供する製品やサービスによってどのような経験を提供するかについて、様々なステークホルダー（顧客や地域、投資家、社員、規制当局、ビジネス・パートナー）に示す意欲です。

　先のバイオ製薬会社では、「より健康な世界を実現するために結束する」をブランドの約束に掲げており、具体的には、自社が展開している地域社会の医療サービスを改善することを定めています。

　6つ目に価値観です。

　これは景気のいかんを問わず、組織として拠って立つところを明文化したものを指します。

　先のバイオ製薬会社では、「誠実さ」「イノベーション」「コラボレーション」、すなわち製品が透明性の高い方法で販売され、個人と組織の両方に成長機会が与えられることを、すべての関係者が確信することであるとしています。

　最後にリーダーの行動です。

　リーダーは、自社のビジョンと戦略上の優先事項を実行し、ブランドの約束を果たし、価値観を体現するために、日々どのように活動するのかを定めておく必要があります。

　先のバイオ製薬会社では、リーダーはたとえ厳しいときであっても、一人ひとりに敬意を、成功への意欲を、そして柔軟性を示すことが求められるとされています。

この「集合的野心」のフレームワークには、企業が自社のパーパスから具体的な行動レベルまでを一気通貫で見直すために有用です。

特に、パーパスとミッションは定めたが、それから具体的に何をすればよいのかに悩まれているクライアントにとっては、本フレームワークを活用することで、活動目標、戦略上の優先事項、リーダーの行動規範、などより具体的で組織の活動に合わせた変革をサポートすることができるでしょう。

◆「悲観の5段階」で従業員の心を理解する

組織フレームワークの最後に、変革を個々の従業員がどのように受け止めるのか、それを予め予見しておくことに役立つフレームワークとして、「悲嘆の5段階」として知られる、キューブラー＝ロスの変化曲線を紹介します。

図表3-8をご覧ください。

キュブラー・ロスの変化曲線は、従業員の反応に、否認、不満、抑うつ、実験、受容という5つの段階があること、そしてそれぞれの段階でどのように対処すればよいのかを理解するために有用です。

図表 3-8 ▶ キュブラー・ロスの変化曲線

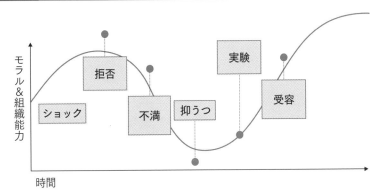

出典：Elizabeth Kubler-Ross Foundation
https://www.ekrfoundation.org/5-stages-of-grief/change-curve/

まず、組織にあるショックやサプライズな出来事、例えば組織変革についての表明など組織に変化が起きます。

　そうすると、従業員は、「それは今の我々には正しくない。」という理屈を見つけて、そのショックや出来事を否認しようとします。このタイミングでは、それぞれの意識合わせを行うことが最適になります。

　次に、不満が生じます。

　この場合、社内で従業員とのコミュニケーションを最大化し、不満を払拭することが最適です。

　3番目に、抑うつです。

　「うちの会社もおかしくなったな」「俺の居場所はどこなんだ」などの声が聞こえるようになり、やる気を失ったりするメンバーが現れます。このタイミングが組織のモラルの崩壊に最も繋がりやすいフェーズです。モチベーションを最大化するために、常に些細なことでも声がけをし、組織全体をポジティブな雰囲気にすることが求められます。

　4番目に、実験です。

　このフェーズになると従業員は新しい組織状況になっていることを認識し始めます。そこで、新しい状況に適応するための組織能力を獲得するために、いくつかの実験的な活動にチャレンジすることになります。

　例えば、イノベーション活動や外部とのアライアンス、最近では複数社で社員を募って、1つの事業にチャレンジするといった活動も登場してきていますので、このような小さな実験を通じて、従業員が新しい状況に適応していく土台づくりをしていきます。

　最後に、受容です。

　新しい組織状況でいかに働くべきかを認識し、ポジティブなムードが生まれ、そして組織のモラルと組織能力も最大化します。

　以上のキュブラー・ロスの変化曲線は、従業員が変革を認識してから、それを受け入れるまでの抵抗や葛藤というものを、従業員目線で整理したフレームワークとして、有効です。

　特定の変革活動を実行する際に、従業員はどう思うのかという視点でチェックするためのチェックリストとしても有効です。

　ここまで、組織論の基本から、変革活動の際の従業員視点でのポイントまで、組織のフレームワークを紹介しました。

　戦略と組織とは一体です。戦略面だけでなく、組織面だけでもなく、両者を俯瞰し、変革をリードするためにも改めて理解を深めておきたい内容です。

テクノロジーフレームワーク

　先に戦略と組織とは一体であると述べましたが、近年のテクノロジーの進展、そしてDX時代においては、戦略と組織とテクノロジーが一体とも言うべき状況を生んでいます。

　そこで本章の最後に、テクノロジー関連のフレームワークをいくつかご紹介しましょう。

　まず筆者も参考にしているのが、Gartnerのハイプ・サイクルです。

　ハイプ・サイクルは、テクノロジとアプリケーションの成熟度と採用状況、およびテクノロジとアプリケーションが実際のビジネス課題の解決や新たな機会の開拓にどの程度関連する可能性があるかを図示したものです。

　図表3-9を見ていただくと、ハイプ・サイクルには5つのフェーズが

図表 3-9　ハイプ・サイクル

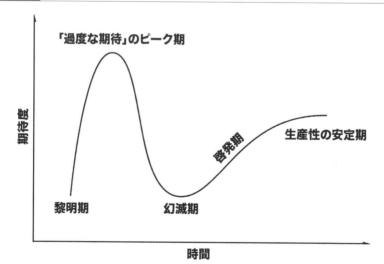

出典：Gartner リサーチ・メソドロジ ハイプ・サイクル
https://www.gartner.co.jp/ja/research/methodologies/gartner-hype-cycle

あることがわかります。

　まず最初は黎明期。黎明期は、潜在的技術革新によって幕が開きます。初期の概念実証（POC）[2]にまつわる話やメディア報道によって、大きな注目が集まります。多くの場合、使用可能な製品は存在せず、実用化の可能性は証明されていません。[*]

　次に、「過度な期待」のピークが訪れます。初期の宣伝では、数多くのサクセスストーリーが紹介されますが、失敗を伴うものも少なくありません。行動を起こす企業もありますが、多くはありません。[*]

　すると3番目に、幻滅期に入ります。実験や実装で成果が出ないため、関心は薄れます。テクノロジの創造者らは再編されるか失敗します。生き残ったプロバイダーが早期採用者の満足のいくように自社製品を改善した場合に限り、投資は継続します。[*]

　4番目に、啓蒙期に到達します。テクノロジが企業にどのようなメリットをもたらすのかを示す具体的な事例が増え始め、理解が広まります。第2世代と第3世代の製品が、テクノロジ・プロバイダーから登場します。パイロットに資金提供する企業が増えます。ただし、保守的な企業は慎重なままです。[*]

　最後に、生産性の安定期が訪れ、主流採用が始まります。プロバイダーの実行存続性を評価する基準がより明確に定義されます。テクノロジの適用可能な範囲と関連性が広がり、投資は確実に回収されつつあります。[*]

　以上のように、ハイプ・サイクルを分析することで、今後のクライアントの課題解決にマッチしそうなテクノロジーはどのようなものか、その普及可能性はどの程度のものかを検討するために最適なフレームワー

2　IT系の企業では新しい技術やサービスの利用を目指した初期的なトライアルをPoCと呼ぶことが一般的です。

*　出典：Gartner リサーチ・メソドロジ ハイプ・サイクル
　https://www.gartner.co.jp/ja/research/methodologies/gartner-hype-cycle
　GARTNERおよびHype Cycleは、Gartner Inc.または関連会社の米国およびその他の国における登録商標およびサービスマークであり、同社の許可に基づいて使用しています。All rights reserved.

クとして著名になっています。

　筆者の個人的な見解としては、ハイプ・サイクルに掲載されたテクノロジーは5年程度経過すると、先端企業では一般化しており、そこから2〜3年で広く普及する印象です。

　ですので、2025年や2030年の会社を思い描く場合には、現在プラスマイナス2〜3年のハイプ・サイクルを参考にしていただくと良いかと思います。

◆プラットフォームビジネスはどのように立ち上げるのか

　次に、近年注目を集める、プラットフォームビジネスの作り方について説明したフレームワークをご紹介します。

　マイケル・クスマノ、アナベル・ガワー、デビット・ヨッフィーの『プラットフォームビジネス』（有斐閣）に紹介されている立ち上げ方です（図表3-10）。

　まず、はじめのステップが売り手と買い手など、複数サイドの市場にプラットフォームがアクセスできるようにすることです。

図表3-10 プラットフォームビジネスの立ち上げ方

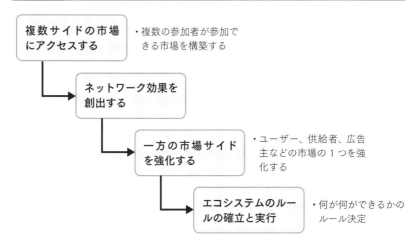

出典：マイケル・A・クスマノ、アナベル・ガワー、デビッド・B・ヨッフィー『プラットフォームビジネス』を元に筆者作成

これは、ECサイトのように自社（売り手）と複数の買い手だけでも成立しえますが、より幅広いプレイヤーがプラットフォームに参加できるほうが、プラットフォームの柔軟性が高く、価値が向上すると考えられています。

例えば、フェイスブックは、ユーザー、広告主、コンテンツ提供企業、アプリ開発企業といった4つのプレイヤーが利用できます。

Amazonもサイトオープン当初は売り手のAmazonとユーザーだけでしたが、今では幅広い法人・個人の出品者、広告主、配達パートナーなどがAmazonのプラットフォームを利用しています。AppleのApple Storeなども同様です。

このように、プラットフォームを立ち上げる際には、自社と買い手という2つのプレイヤーだけでなく、他にも広告主や外部出品者など、参加可能なプレイヤーがないかを検討することが有用です。

次に、ネットワーク効果を創出することです。

ネットワーク効果とは、そのプラットフォームの利用者が増加するにつれて、そのプラットフォームの価値が急速に高まる状態を指します。

携帯電話は、自分1人しか所持していなければ何も価値がありませんが、クライアントが5人、10人、50人と利用者が増えるにつれて、その価値は急速に高まります。

ではこのネットワーク効果をどの様に高めるかが問題になりますが、クスマノたちは、最初の複数プレイヤーの参加が鍵になると指摘しています。

ユーザーからの収益だけでなく、他のプレイヤーからの収益もユーザー数増加やプラットフォームの利便性向上に投資することで、価値が上がり、結果的にユーザー数が増え、更に他のプレイヤーが増えるという好循環が回りだすということです。

3番目に、このように回り始めたプラットフォームのサイクルをより高速化させるために、どこかのプレイヤーに集中的に投資を行うことが必要になります。

例えばよりユーザー数を増やすためにマーケティングに投資をするの

か、広告主や出品者が広告や出品をしやすくするツールやシステムを開発するのか、といった選択肢があります。

　例えば、楽天やふるさと納税サイトのさとふるのように、ユーザーが様々な商品やサービスから選ぶことができる点に価値があるという場合には、出品者を増やすことがより重要になると考えられます。

　一方で、ECサイトではユーザー（購入者）だけを増やせば良いということになるため、どのようなプラットフォームを構築するかで、どちらがより重要になるのかは変わってくることになります。

　最後に、エコシステムのルールの確立と実行です。

　特に第三者が販売するプラットフォームでは、プラットフォームが大きくなるにつれ、詐欺的なコンテンツが増加したり、クオリティの低い製品が販売されていたりすることがおきます。

　そのため、そのプラットフォームの利用ルールおよび対策の確立とその実行の徹底が求められます。

　以上のように、プラットフォームを構築したいというクライアントからのニーズが増加する中、いかにしてプラットフォームを立ち上げるかについての体系的な手法を説明した書籍等はあまり多くはありません。

　したがって、クライアントからプラットフォームビジネスに関する相談を受けた際に、『プラットフォームビジネス』は、最初に一読いただきたい書籍です。

◆ WEB集客のAAERRRフレームワーク

　テクノロジーフレームワークの最後に、WEBサイトなどから集客、販売を行う際に有用なフレームワークとして、AARRRフレームワーク（アーフレームワーク）を紹介します。

　AARRRフレームワークは、図表3-11の通り、

A（Acquisition（獲得））

A（Activation（活性化））

R（Retention（継続））

| 図表 3-11 | AARRR フレームワーク |

A	**・Acquisition（獲得）** サイトの PV アップに向けて、まずは現状の数値を確認。その後、SEO や LPO 対策などを実施。
A	**・Activation（活性化）** 無料サンプルプレゼントページを掲載。申し込みに対する CV 率を測定する。
R	**・Retention（継続）** 追客のタイミング。ポイント付与やクーポン配布、キャンペーン実施などを検討・実施。
R	**・Referral（紹介）** SNS でのシェアを呼びかけたり、友人への紹介でもらえるポイントを用意したりする。
R	**・Revenue（収益）** さらに解析を行い、最適化のための施策を考える。

R（Referral（紹介））

R（Revenue（収益））

の段階で、WEBサイトからいかに収益を上げるのかを示したフレームワークとなります。

　まずAcquisition（獲得）は、WEBサイトへの訪問者数の増加です。

　具体的には、検索からの流入を増加させるSEO対策や、各種SNSなどへの出稿、WEB広告などの手法が考えられます。

　次に、Activation（活性化）は、これはサイト訪問者にいかに次のアクションをさせるかという点になります。

　具体的には、無料サンプルや資料提供、無料見積依頼などを利用し、サイトで何もアクションをせずに戻ってしまうユーザーを減らすことが求められます。その際には、ユーザーの個人情報を入手することが必要になります。

3つ目に、Retention（継続）は最初のアクションからその次のアクション、例えば購入へつなげるかです。

　顧客がアクションをしたことで獲得した個人情報に対して、メールマガジンやクーポン、ポイント付与などによって、より購入への意欲をわかせることが求められます。

　4つ目に、Referral（紹介）は、顧客に自社の紹介を依頼することです。

　SNSでサイトや商品をシェアすることで、ポイントや割引を提供し、より潜在的なユーザーに対して情報を提供し、情報を拡散するとともに、信頼度を向上させます。

　最後に、Revenue（収益）です。

　顧客に売っておしまいというサービスは多くありますが、Acquisition（獲得）の段階からしっかりと積み上げてきた顧客に関するデータを利用し、更に効率的かつ効果的にユーザーを増やし、売上を得るのかを分析、改善していくことが求められます。

　このAARRRフレームワークは、シンプルですが、WEBサイトからの問い合わせや売上を増やしたい、特にB2Bのクライアントにとって有益な情報を含んでいます。

　問い合わせや売上が増えない要因が、訪問数なのか、それとも訪問者がアクションを起こさないことか、それともアクションから購入に至らないのかなど、AARRRフレームワークを確認しながら課題を探すことで、売上向上への施策を検討することが可能です。

　以上、第3章では戦略、組織、テクノロジーと3つの領域で企業変革に必要なフレームワークを紹介してきました。

　他書には紹介されていないフレームワークも多くありますが、クライアントワークの際に、定期的に第3章を読み返していただけると、新たな発見を得られるのではないかと筆者は考えます。

第 4 章

成功するコンサルタントのための業務管理法

コンサルタントとして売上も成長も実現する
ためには、複数のプロジェクトを管理していく
必要があります。そこで、どのように案件を獲
得するか。業務・作業ごとにプロジェクトと自
身のスケジュールをどのように管理するか。そ
して顧客との関係性をマネジメントしていくの
かの4つを身につける必要があります。特に
営業手法と顧客の関係性のマネジメントが売上
に影響するため、提案方法やトークスクリプト
まで細かく理解する必要があります。

プロジェクト管理方法

　ここまで第1章〜第3章にかけて、変革型コンサルタントになるための基礎として、マインドセット、3つの武器、そして変革に活用できる汎用的なフレームワークについて解説をさせていただきました。

　1部の最後として、読者がそもそもコンサルタントとしてプロジェクトを行っていく際に課題となりうる、プロジェクトやスケジュール管理等について、筆者の実体験も含め、実践的な内容を紹介させていただきます。

　まずコンサルタント全般としていちばん重要なのが、プロジェクト管理です。このプロジェクト管理には2つの意味があります。

　1つ目は、既存のプロジェクトの管理。

　2つ目は、営業案件のプロジェクト管理になります。後者については、3節でご紹介をいたします。

　図表4-1でまず前者の既存のプロジェクトの管理方法について解説していきます。

図表 4-1　1プロジェクトの概要管理方法

		初回キックオフ会議	定例報告会	…	中間報告会	…	最終報告会
リサーチ	業界	●					
	競合	●					
	事例		●		●		●
データ分析		●			●		●
インタビュー			●		●		●
サマリー作成			●		●		●

この表は筆者事務所で案件ごとに使用している1つのプロジェクト全体の見取り図です（実際にはエクセルを共有して行っており、こちらの表よりもやや細かい分類を行っておりますが、大枠はこのような形となっています）。

まず、横軸にプロジェクトのフェーズを入れていきます。

このフェーズ数をどれだけの数にするかは期間の決まっているプロジェクトか否かやプロジェクトの進め方によって変更していきます。

図表4-1の場合は、コンサルティングのプロジェクトとしてよくある形式として、週次の定例会議と中間報告、最終報告というフェーズを記載していますが、顧問契約などで月1回の会議体がある場合はフェーズではなくその月を記載しておくなどの変更を適宜行ってください。

次に、縦軸がプロジェクトで行うべきタスクを記載していきます。

大きく分けて調査・リサーチ系のタスク、データ分析系のタスク、インタビュー系のタスク、プレゼンテーションの最終化のための準備タスクに分けてあります。

会議ごとにどのような形態で資料を作成するかはプロジェクト次第ですので、毎回報告資料を作成する場合は、これらのタスクを資料ベースで準備することになります。

では、それぞれの項目を具体的にご説明してきます。

◆調査系のタスクは3つの領域に分けられる

まず調査・リサーチ系のタスクについては、
①業界調査
②競合調査
③先進事例調査
の3つに分けられます。

調査系のタスクについては、特に特殊な業界の場合にインターネットだけでは情報が手に入らず、業界誌などを読みこんだりするために時間がかかるケースがありますので、案件の受託と共に、速やかに進めてい

く必要があります。

業界調査については、いくつかの調査項目があります。

業界の市場規模とトレンドおよびクライアントのシェア、業界のバリューチェーン（物サービスの流れ）、最新の法改正動向、技術トレンドなどを調査していきます。

業界の市場規模やトレンド、シェアなどは矢野経済研究所や富士キメラ総研などの公開データを活用することが一般的ですが、特殊な業界については、それらの情報がインターネット上では入手できない場合もあります。

そのような場合には、より詳細な業界紙や調査レポートを国会図書館等で閲覧する必要があります。

実際に筆者もある特殊な機械のM&A案件の際、業界市場規模やシェアの調査のために、国会図書館に赴き、必要なデータをすべてノートにまとめてきたことがあります。

最新の法改正や技術トレンドなどは、Google検索で「業界名×法改正」や「業界名×技術」、で当たりをつけ、業界紙で更に最新の情報を得ることが肝要です。

次に競合調査です。

競合調査については、まずその業界のリーダー企業、例えば上場企業などから調査をしていくことが近道です。

上場企業であれば、最近は「バフェット・コード」というWEBサイトで、各企業の業績動向や類似企業との業績比較を一瞬で分析することができますので、クライアントと比較して、売上や利益水準がどうなっているのか。どのようなビジネスの特徴があるのかといった大枠の情報を得ることが可能です。

その次に、競合の何がどのように強いのか、それがクライアントと比較してどう違うのかを理解するために、図表4-2のように業界のバリューチェーンを書き、その中に情報を整理していくことがプロジェクトの初期には役に立ちます。

この情報は競合のHPや業界誌、ネットの口コミなどが参考になります。また次のフェーズであるインタビューで競合及び自社の利用ユーザーの生の声を拾うことで、ブラッシュアップをしていくことが可能です。

この事例は女性向け商品を意識して筆者が書いているのですが、クライアントは旧態依然とした企画、開発、販売を行っているのに対して、A社は海外での低コストを強みに、インフルエンサーを活用して知名度で販売する戦略、B社は製造を外部に委託し、より少ないコストで当たる商品を多数市場に投入する戦略とそれぞれに特徴がある形にまとめています。

このように同じ業界といっても、全く異なる特徴を持つ企業があるケースもおおくりますので、図表4-2のように、バリューチェーンのど

図表 4-2 競合およびクライアントのバリューチェーン比較の例（案件は架空）

		企画	研究開発	製造	販売	アフターサポート
			購買・調達		金融	
クライアント		企画会議はマーケティングや営業がセットになり、トレンドなども踏まえて決定	研究開発に強みがあり、特許取得数や自社独自の製法が多くある。顧客からも性能の良さを評価されている。	国内の製造工程が半自動化されており、生産性は高い。一方で、不良品率が高止まりしており、コスト増の要因になっている。	購入時に一括払いかつ店舗もECも利用可能な決済手段が少ないため、顧客の購入のハードルになっている。	アフターサポートは1年間と競合と同様であるが、サポートの内容として、使用製品の磨きサービスが付帯している。
競合	A社	インフルエンサーなどを活用し、売れる商品を企画	中程度の性能の製品やカラーを研究。	タイでの海外生産100%であり、安い労働力で低原価を実現	A社は購入時に独自の割賦払いあり*	アフターサポートは1年間
	B社	顧客の口コミなどをベースに次期商品を企画	―	製造工程は外部のパートナーに委託	B社は店舗／EC共に幅広い決済手段を利用可能	アフターサポートは原則6ヶ月だがWEB会員登録で1.6ヶ月間

* 「○○の最新動向」AAA出版　によると割賦金利はA社負担

こでどのような活動をしているのかをまとめることは何かを変える＝変革をする際のベースにもなります。

◆ 先進事例は説得力につながる

最後に先進事例です。これは競合の最新動向でもよいのですが、そうするとクライアントは既に知っているというケースが多くあります。

そのため、先進事例では、隣の業界と海外の同業界の2つを調査することが有用です。

では、隣の業界をどのように調査するかといえば、これも最初はGoogle検索で調査したい事例を検索することからスタートできます。

例えばスーパーの営業手法を変革したいと考え、隣の業界を調査するとすれば、「店舗販売　AI　事例」などで、百貨店やコンビニエンスストアの事例を見つけることが出来るでしょう。

そしてより詳細にその事例を知りたいと考えた場合には、その業界の業界紙の解説を探すという流れになります。

調査・リサーチタスクの次は、データ分析タスクです。

このデータ分析タスクには、様々な種類の分析があると思います。後に紹介する営業効率化に関するデータもあれば、マーケティングのデータ、生産工程のデータなどプロジェクトによって扱うデータの種類と、分析する中身が変わってくると考えられます。

このデータ分析タスクでの最大のポイントは、「いきなり分析しない」ということです。

分析をしようという点に意識が行き過ぎると、分析を行うことが作業の目的になってしまいます。

そうではなく、その分析を通じて、何を確認したいのかをまず明確化し、仮説を立てることです。

例えば図表4-2の製造工程の事例では、「不良品率が高いのは、半製品の段階での機器取り付け工程である」という仮説を持ってデータを分析すれば、不必要な分析を行う必要はなく、分析の量と幅を限定することが可能です。

また分析したデータをどのように示すかについてですが、これもそのテーマごとの書籍を参考にすると、工程でのエラー率を示す図のよくある例などが掲載されていたりしますので、自分で悩んだりせず、書籍やネットを活用することをおすすめします。

◆ インタビューはコンサルタントの腕前が出る

3つ目がインタビューです。実はこのインタビューがコンサルタントとしての腕前の差が出る工程であると考えています。

調査や分析はある程度の経験を詰めば、すぐに上達するものですが、インタビューはこれまでの経験や洞察力、業界知識などをすべて動員する必要がありますので、アウトプットの差が生じます。

また事前の準備も重要であり、どのようなインタビュー目的で、どのような対象者に、どのような形態でインタビューをするのかを予め明確化しておく必要があります。

インタビューの目的としては、プロジェクトの仮説の検証、クライアントや競合に関する情報提供、新規サービスに対する意見の提供などが挙げられます。

対象者としては、既存ユーザーを選ぶか、潜在ユーザーを選ぶか、どのような年代の人をどのようなルートで探すか、対面かオンラインかなどを決定していきます。

近年、専門家に対するインタビューは「ビザスク」などのオンラインマッチングサービスが台頭していますので、特定の業界に関する知識を得る目的で行うインタビューにはビザスクを利用することをオススメいたします。

また、インタビューの準備については、『ユーザーインタビューのやさしい教科書』（マイナビ出版）という優れた書籍がありますので、ご一読されることをおすすめいたします。

最後にサマリーの作成です。これは普段参加されていない社長などの上層部が参加される場合に、通常の資料をサマリーした10枚前後の資料を作成するタスクです。これは必要に応じて作成する形となります。

　サマリー版になるため、業界動向、競合動向、クライアントの現状と解決の方向性、変革のためのアクションプラン、スケジュールなどを1〜2枚程度まとめていく形が一般的です。

　以上のように、プロジェクトごとに、会議体ごとのスケジュールとそこで行わなければならないタスクを見える化しておくことで、もれなく、かつ次節のスケジュール管理も効率よく回すことが可能です。

スケジュール管理方法

　コンサルティングの中でもスケジュール管理は一二を争う重要な要素です。仕事が効率的でスケジュール管理をしっかりと行えるコンサルタントは扱う案件数が増加するため、その分コンサルタントとしての腕前も上がりますし、収入も加速度的に上がっていきます。いわゆる正のスパイラルです。

　一方で、仕事が非効率的でスケジュール管理が甘いと、扱う案件数が少なく、腕もあがりにくければ、収入も上がりにくいという負のスパイラルに入っていく恐れがあります。

　本節では筆者の個人的なスケジュール管理方法をベースにして、ご紹介したいと考えております。

　図表4-3をご覧ください。

　これはスティーブン・R・コヴィー氏の『7つの習慣』で取り上げられている緊急度・重要度マトリクスと呼ばれるフレームワークです。

　このマトリクスは、コンサルタントのスケジュール管理に置いても、

図表 4-3　緊急度・重要度マトリクス

	緊急	緊急でない
重要	〈第1象限〉	〈第2象限〉
重要でない	〈第3象限〉	〈第4象限〉

出典：スティーブン・R・コヴィー『7つの習慣』（キングベアー出版）

非常に効果を発揮します。

◆ 緊急度が高く重要でないものを重視せよ

コヴィー氏が緊急度・重要度マトリクスにおいてとりわけ意識する必要があるものだとしているものは、緊急ではないが、重要なもの〈第2象限〉だと指摘しています。

緊急ではないが、重要なものは、他のタスクに時間をとられ、ついつい進めることができないままで終わってしまうからです。

そのため、緊急ではないが、重要なものを意識的にスケジュールに組み込む必要があります。

では、コンサルタントとして緊急ではないが重要なものは何でしょうか、それはインプットの質と量です。

どれだけあたまの切れるコンサルタントであっても、インプットがなければ、意味のあるコンサルティングを提供できる可能性は低くなりますし、インプットを増やすことで、今まではできなかった案件を扱えるようになるかもしれません。

そもそも、コンサルティングという商売自体が知識を販売しているわけですから、その知識が古びていては、売り物になりません。

そこで、インプットの時間を確保するところからスケジュール管理をスタートするべきです。

筆者の場合は、インプットの時間を朝の子供を学校に送った後と移動中、および夜に採るようにしていますので、読者の方もご自身のスケジュールに合わせて、まずインプットの時間を確保するところからスタートすることをおすすめします。

インプットの内容としては、基礎的な経営学や法学（特に会社法）、経理簿記等の知識に不安がある方は、まずはそちらを強化することをおすすめします。

経営者の悩みの多くは、戦略や組織・人材、お金に関することがほとんどですし、それに法律が組み合わさっていることもほとんどです。

法的な判断自体は弁護士ではなければできませんが、触りの部分程度は、コンサルタントは理解しておく必要があります。

　0から本を探すのが大変だという方は、資格の本が簡潔にまとまっており便利です。ビジネス実務法務検定か中小企業診断士の経営法務のテキストをオススメいたします。

　次に、クライアントとの会議の予定をブロックします。

　その場合、クライアントの会議の前後1時間は空けておくことをおすすめします。なぜならあるときは訪問になってしまったり、時間が長びいたり、直前に資料を修正したいとなった時に備えてです。

　またクライアントの会議ですが、顧問のように参加する場合は別として、なにか資料を作成したりするプロジェクトの場合は、1日に3件が限界であるというのが筆者の経験則ですので、ご参考ください。

　すると残りの時間がプロジェクトの準備の時間および、ネットワーキングや営業活動に関する時間、文章のアウトプットの時間になります。

　この中でプロジェクトの準備の時間を確保することは当然として、自らの知見を文章としてアウトプットすることはコンサルタントとして非常に重要な要素です。

◆アウトプットはブランディングにつながる

　筆者も最初はいくつかのWEBの記事で連載をスタートし、それが好評だったことから、書籍を書くようになりました。その書籍が現在では大学の教科書に利用されていたり、全国で講演会をさせていただいたりもしています。

　したがって、twitterやnoteなどのSNSでも、地元の新聞や業界雑誌でも、ご自身の詳しい経験を文章としてアウトプットしていくことは、今後の活動を優位にすすめるために重要です。

　最初は無料の寄稿でも充分です。

　載っているという事実が重要だからです。ぜひ合間を縫って、知見を言語化する取り組みをしていただければと思います。

　その際に参考になる考え方は、内田和成氏の『右脳思考を鍛える』

（東洋経済新報社）で紹介されている、「20の引き出しを持つ」という考え方です。

内田氏は自身のコンサルティングにおいて、自身の興味や問題意識のある分野を20個引き出しとして用意しておくことで、新聞や人からの情報、WEBの記事やニュースなど様々な情報この頭の引き出しの中にしまっていくことで、自身の情報源を強化することができるということです。

この20の引き出しを持つことを進めていくだけでも、複数の特定の分野において、読者が専門家として文章を書くことができるレベルに達すると考えられます。

加えて、その20の引き出しの中で共通の内容に着目し、横断したテーマを見つけることができれば、著名なマス媒体などでも取り上げられるような記事を作り上げることができると考えます。

これらの努力にはお金はかかりませんが、時間がかかるため、日々のスケジュール管理の中で意識付けを行うことが必要であり、筆者も意図的に時間を取っています。

以上、コンサルタント全般のスケジュール管理についてご説明をさせていただきました。本業が他にある方はすべてこの通りには行かないかもしれませんが、〈第3領域〉である知識のインプットが重要であるということは、多くのプロフェッショナル業で共有しており、共感いただけるのではないかと筆者は考えています。

4-3 営業開拓方法

　スケジュール管理を行う上でセットとなるのが、仕事があることです。
　特にこれからコンサルタントとして初めて活動を行っていこうと考えている方にとって、どのようにして営業活動を行っていけばよいか、悩まれている方も多くいらっしゃるかと思います。
　本節では、この営業開拓について解説を行っていきます。
　営業開拓を成功させるために、特に初めてコンサルティングを提供する方を中心に、経験者の方までを含めて理解を深める要素は、①営業のチャネル、②営業トーク、③営業アイテムの3つになります（図表4-4）。
　まず重要になるのが、どこから案件を獲得するのか、という①営業チャネルです。
　類書では、営業チャネルについて、商工会議所や青年会議所などの公的な機関に関する紹介か、テレアポなどの直接営業がほとんどでした。
　もちろん商工会議所でこれまで公演を行ったことある方や青年会議所

図表 4-4　営業開拓における3つの要素

要素	内容	具体例
営業のチャネル	どこから案件を獲得するか	・直接営業 ・紹介（営業顧問含む） ・商工会議所 ・顧問紹介サービス ・コンサル紹介会社
営業トーク	どのように営業トークを行うか	・自己紹介 ・ヒアリング ・論点整理 ・提案
営業アイテム	どのように営業トークの説明力を上げるか	・自己紹介資料 ・サービス説明 ・過去事例集

で既にある程度顔が売れている方であれば、この方法も効果を結ぶことになるかと思いますが、いきなり商工会議所に行ったところで、そこから案件を獲得するのは、中小企業診断士であったとしてもかなり時間を要するでしょう。

そこで、それらの公的機関だけでなく、幅広いチャネルから案件が集まるような設計が必要です。

◆顧問サービスは複数登録が必須

まず、顧問紹介サービスやコンサル紹介サービスについてご紹介しましょう。

現在は様々なサービスが登場してきていますので、複数登録しておくことが肝要です。

図表4-5をご覧ください。

いくつかの著名な顧問サービス、コンサル紹介サービスを掲載しています。上記の企業は一定程度の規模のあるサービスですので、様々な案件を取り扱っていると思いますが、それぞれの企業で得意分野があります。読者の得意とする分野や今後強化したい分野を中心に複数、できれば3〜4個登録することをおすすめします。

また他にも図で紹介している顧問紹介サービスや独立コンサルの紹介サービスといったサービスの活用に限らず、読者のこれまでの経験を活用することで、幅広いチャネルから営業を行うことが可能です。

例えば、会計士や税理士であれば、金融機関の支店長へ顔が効くかもしれません。そうすれば、勉強会などを開かせてもらい、金融機関の顧客をクライアントにする方法があります。

金融機関も融資業務だけでなく、顧客へ幅広いサービスを提供していかなければならないと金融庁や中小企業庁から言われているので、コンサルティングをきちんと提供できる人にはニーズがあります。

他にもFBページで広告を回し、クライアントを募ったりするなど方法はありますが、法人ではなく個人の場合、残念ながらいきなり効果を上げるのは難しい方法です。まずは実績を積むことが重要です。

企業名	分類	特徴
パソナ JOB HUB	顧問サービス	総合人材サービスのパソナが提供。営業系や製造系の案件に強い。
HiProBiz	顧問サービス	総合人材サービスのパーソルが提供。人事系や新規事業系に強い。
ビザスク partner	顧問サービス	専門家へのインタビューを得意とするビザスクが提供。ニッチな領域のコンサルティング案件もある。
DYM　エグゼパート	顧問サービス	人材系のDYMが提供。地方案件に強い
#Me	顧問サービス	副業や複業人材のマッチングを中心とする。WEB系の案件に強い。
サーキュレーション	コンサルマッチング	フリーランスから副業まで幅広い案件を提供。人事や新規事業、WEB系に強い
NIKKEI SEEKS	コンサルマッチング	DX関連でスキルシェアサービスを展開。地方案件に強い。
みらいワークス	コンサルマッチング	フリーランス向けのコンサル案件を多数提供。新規事業やIT系に強い。

2022年12月現在

◆営業トークはトークスクリプトを用意する

　次に営業トークについてです。

　営業トークについて、営業経験のない方ですと、なぜ事前に準備をする必要があるのか、クライアントとの会話の中で話せば良いのではないかと思われるかもしれませんが、営業トークを事前に固めておくことは非常に重要です。

　実際に筆者として、大手企業のSIerが持つ戦略コンサルティング部門に研修等でコンサルティングの営業方法の支援をご提供していること

もあるくらいです。

　挨拶からアイスブレイク、自己紹介、課題内容のディスカッション／ヒアリング、会議のクロージングまでを予め決めておくことで、自身を持って営業を行うことが可能です。

　図表4-6は参考としてコンサルティングの営業の際、ある特定の部署

図表4-6 営業トークスクリプトの例

アイスブレイク／事例紹介	・貴社の●●のニュースを拝見しましたが、どのような背景で取り組まれていらっしゃるのですか ・最近では競合で●●というサービスをリリースされていらっしゃいますが、御社ではどのように受け止めていらっしゃしますか ・私（弊社）で、ご参考になる事例として●●業界の事例をお持ちしました。このような事例は貴社にご参考になりますでしょうか。
全体方針と体制のヒアリング	・●●部の組織体制は●●様他何名いらっしゃいますでしょうか？ ・どのような部門やチーム体制になっていらっしゃいますでしょうか。 ・皆様、●●のご経験が長い方々でしょうか？ ・現在の部署のビジョン・ミッションについてご教示ください ・部署の直近および中期での計画やロードマップはございますでしょうか ・●●部と営業上連携する他の部門はありますでしょうか？
具体的な課題のヒアリング	・現在の部署の課題にはどのようなものがありますでしょうか？ ・その中で貴社の優先順位はありますでしょうか？ 　− スケジュール視点 　− 予算視点 　− 当初計画との差分 ・今回ご相談（ご提案）いただく背景についてご教示ください 　− 組織内での立ち位置 　− 経営陣のコメント 　− これまでの経緯 （ご相談内容） その中で弊社に期待いただく部分がございましたらご教示ください
提案に向けた前提条件のヒアリング	・予算感をご教示ください ・既にお声がけされている他社は何社ほどありますでしょうか？ ・似たようなご提案の場合、どの要素で意思決定されますでしょうか？ ・意思決定をされる際のプロセスについてご教示ください

のTOPの方と初めてコンサルティングに冠する内容で話をすることになったケースを前提としたトークスクリプトを記載しています。

アイスブレイクからヒアリング、提案に向けた予見精査までのプロセスを網羅してあります。

これらはあくまで例ですので、これをベースにご自身のクライアントとの関係性や業界等をふまえて、カスタマイズしていただければと思います。

他にも、具体的なトーク例を学びたいという方は、和仁達也『〈特別版〉年間報酬3000万円超えが10年続く　コンサルタントの対話術』（かんき出版）や和仁達也『プロの思考整理術』（かんき出版）をご一読されることを推奨いたします。

◆ 営業アイテムにはお土産が必要

最後に営業アイテムです。

これは主に営業トークと併用することでクライアントの理解を深めるために利用します。

具体的には、①自己紹介資料、②携わってきた案件や得意分野、③サービスや料金内容は最低限用意する必要があります。

筆者の場合は、これらに加えて、営業先に参考になるような「お土産資料」すなわち、競合動向や類似企業の動向、海外事例などをまとめて、営業先に持っていくようにします。

なぜこれをするかというと、初めてのクライアントに営業トークを行う際、何から話せば良いのかという悩みが一番多く聞かれる悩みですが、いきなりクライアントの話をヒアリングするのではなく、「最近こういうサービスが流行っているようですが、ご存知ですか」、「既に御存知の通り、競合ではこのような動向があるのですが」と会話をスタートすることで、クライアントも話をしやすいという利点があります。

またこのような事例を活用することで、どのポイントに関心を持って聞いていただけるかがわかり、提案の際の方向性を決めることにも繋がります。

　特に初回の営業アイテムの中には、「お土産資料」を用意することは、次の提案から案件受注の確率を上げる上で、必須であると筆者は考えています。

　以上の様に、営業チャネルを複数持った上で、営業トークと営業アイテムをセットにし、コンサルティング提案の流れに沿って、トークを磨いていくことで、案件の受注角度を挙げていくことができます。

クライアント・マネジメントと フォローアップ方法

　本章の最後に、案件を受注する前後で如何にクライアントの期待値調整を行い、コンサルティングから高い満足度を得るかという点について、解説を行っていきます。

　クライアントとの期待値調整は特にコンサルティングの初心者の段階では、難易度が高く、両者の思いがズレたまま、プロジェクトが進んでいってしまう可能性が高くなります。

　特に、変革型コンサルティングの場合では、何を、どこまで、いつまでに行うのかについて両者できちんと把握をしておかなければ、後々に「こんなはずではなかった」というクライアントからの叱責を受けることが大いにありえます。

　そこで本節ではクライアント・マネジメントとフォローアップについて解説を行っていきます。

◆期待値調整＋メンタリング＋フォローアップが成功要因

　まず、クライアント・マネジメントを成功させる上では、先で紹介した①期待値調整の他に、②クライアントのメンタリング、③定期のフォローアップという3つの要素があります。それぞれが図表4-7のように

図表4-7　クライアント・マネジメントの3つの要素

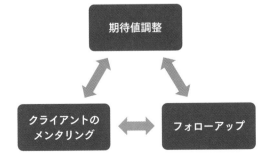

影響し合うため、3つの要素全てに気を配る必要があります。

まず①の期待値調整です。

期待値調整ではプロジェクトの受注のタイミングで、5W1Hを使い、なぜ（Why）やるのか、何を（What）やるのか、どこまで（Where）やるのか、どの期間で（When）やるのか、誰が（Who）が主にやるのか、どのような手法（How）でやるのかといった要素を決定します。

そしてそれらを図表4-8のように、プロジェクト全体と、月次単位、週次単位で整理していきます。

◆ 進め方とスケジュールは事前にすり合わせる

図表4-8の内容はあくまで例ですので、これらの内容を一人ですべて、この期間でやることはかなり難易度が高いと思われます。実際は半年〜1年程度かけて進めるプロジェクトであるとお考えください。

以上の内容と図表4-8の図のような進め方とスケジュールを合意した上でプロジェクトを受注することがまず重要です。

加えて、毎回の会議で今どこのフェーズにおり、進捗がどのように進んでいるのかを確認しながら、プロジェクトを進行していくことで、期待値がずれることなく、プロジェクトを進めていくことができます。

また筆者のこれまでの経験則としては、最初の会議が一番重要であるということです。最初の会議である程度プロジェクト全体の方向性と、進め方、それを根拠付ける資料やデータを提供することができれば、クライアントのイメージが大きくプラスの状態からスタートすることになりますので、その後の期待値調整もうまく行きやすくなります。

プロジェクト全体を通して力を入れることは重要ですが、特に最初が肝心であるということを理解いただきたいと思います。

次にクライアントのメンタリングです。

メンタリングというと、精神的なケアのように思われるかもしれませんが、定期的に会議体以外の場で悩みごとや会社の内情などを聞き出し、それに対してケアを行うことで、プロジェクトが思わぬ方向へ進んでいってしまったり、途中で頓挫してしまったりするリスクをへらすこと

　期待値調整のためのプロジェクトの見える化の例

主要論点	担当者		1月		
	メイン	サブ	1週	2週	3週
論点❶ 顧客の収益性把握	森	A社木村	営業間接費の把握 →	営業活動量把握 →	
論点❷ 営業人員配置の 最適化	森	A社佐藤			
論点❸ 営業育成の最適化	森	A社鈴木			営業の成果の 見える化
論点❹ 制度のアップデート	森	人事部			

が可能です。

　例えば、上層部で新しいプロジェクトの考察が進んでいるや、業績の関係で予算が絞られそうとった、直接はプロジェクトには関連しないものの、特に変革型コンサルティングのように長い期間をかけてコンサルティングを行うケースでは、会議体で話される内容以外に大きな価値があるケースがあります。

　従って、クライアントの中でも発注権限を持つ人や上層部と定期的に話をしておくことは、変革型コンサルティングを成功させるためで、重要な要素となります。

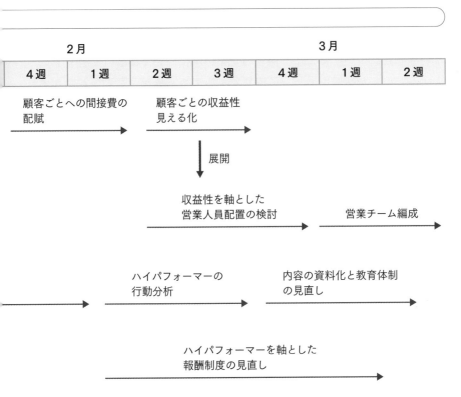

注：紙面の都合により2ヶ月半のみ記載

◆フォローアップの肝は終了後すぐ

最後にフォローアップです。

フォローアップは、会議体の最後もしくは終了後30分程度を活用し、今後の進め方や現状の課題観をすり合わせていくことです。コンサルティングの世界ではラップアップとも言います。

参加者は会議に参加している中で上位層の方だけでもよいでしょう。

このフォローアップを会議の直後に今回の内容のサマリーと、次回までに誰が何を行うのかを明確化しておくことで、「次回は何をする場だったのか」と、参加者が忘れてしまうリスクも減らすことができますし、「プロジェクトはちゃんと前に進んでいるのか」という不安も減ら

すことができます。

　変革型コンサルティングではクライアントにもデータを用意する、A
という課題について考える、他社の営業体制について顧客にヒアリング
をするといった宿題を渡し、準備をしてきてもらうケースも多くありま
すので、そのような宿題を出す場としても有効です。

　上記の3つの要素を毎回のプロジェクトで実践していくことで、期待
値調整から、プロジェクトが失敗に終わったり、途中で契約を解除され
たりする可能性を最小化することができます。

　以上、第4章では、いかにコンサルタントの業務を管理するかについ
て、幅広い内容を解説してきました。

　すべての内容について、筆者が実践の中で積み上げてきたノウハウを
ベースに解説しておりますので、第4章を理解していただくことで、コ
ンサルティング初心者が犯しがちな失敗を極力減らすことができると考
えます。

　では、第2部で、具体的なテーマごとのコンサルティング手法を解説
していきたいと思います。

ケースで学ぶコンサルタントの必須スキル

第1部ではコンサルタントとして成功するための考え方、スキルについて体系的に解説してきました。

　いよいよ第2部では変革型経営コンサルタントとしてプロジェクトを推進するための具体的な方法について、仮の事例を活用しながら学んでいきます。

　具体的なプロジェクトについては、ニーズの高い5つの領域を選択していますので、ご自身のご関心の高い分野から読み進めていってください。

第 5 章

営業改革プロジェクト
推進法

営業改革プロジェクトの推進法は、5 ステッ
プで進んでいきます。その中でも特に重要な要
素は、ハイパフォーマーのノウハウを分析し、
中位の営業人員へ横展開することです。インタ
ビューと活動時間で現状を把握し、ハイパ
フォーマーの勝ちパターンを型化し営業全体の
成績を向上させる手法を、KPI 管理まで一気通
貫で体系的に解説します。

5-1 顧客の現状＝ムリ・ムダ・ムラの分析

　第1部では、変革型コンサルタントのための基礎的な要素として、考え方や3つの武器、変革をリードするために活用できるフレームワーク、プロジェクトやコミュニケーション管理まで幅広いテーマを扱ってきました。

　第1部の内容は基礎とは言え、十分経験の詰んだコンサルタントが読んだとしても、中身のあるレベルで解説を行っていますので、第1部の内容に加えていくつか本文中でご紹介した書籍を身に着けていただくだけでも、コンサルタントとしての知識と業務の進め方は一気に向上すると思われます。

　しかしながら、第1部はあくまで汎用的な内容を取り扱ったにすぎませんので、各プロジェクトで固有に生じる論点設計やプロジェクトの進め方については、取り上げていません。

　そこで第2部では、足元でコンサルティングニーズが多いと思われる、4つのコンサルティングテーマについて、営業改革プロジェクト（第5章）、業務改善プロジェクト（第6章）、新規事業開発プロジェクト（第7章）、組織変革プロジェクト（第8章）のそれぞれで解説を行っていきます。

　最初にコロナ禍での営業手法やコミュニケーションの変化により、多くの企業が変革を迫られている営業について解説を行っていきます。

　全体の5つのSTEPについては、図表5-1をご覧になりながら、各節を読み進めていただければより理解が深まります。

◆現状分析はRFM分析と営業間接費のランク付け

　最初のステップは、顧客の現状分析です。

　多くの企業では、実は顧客ごとの真の収益性についてよく理解してい

図表 5-1　営業改革の5つのステップ

営業改革の5つの Step

Step1	Step2	Step3	Step4	Step5
顧客の現状分析	重点顧客の再ターゲッティング	上位・中位の営業人員分析	勝ちパターンの型化と共有	リソースの最適配置と営業管理の高度化

RFM分析 → 顧客のランク付け → 外部環境分析 → 重点顧客の再ターゲティング → 上位=ハイパフォーマーの分析 → 中位=ローパフォーマの分析 → 営業の勝ちパターンの抽出 → 中位パフォーマへの共有 → 営業人員の再配置 → 営業管理の高度化

ないというケースがあります。更にコロナ禍に入り、重要顧客が変化しているケースもあります。

　そこで、営業改革の最初のステップとして、改めて顧客の現状分析を行う必要があります。

　それぞれの顧客に対して、どの程度の売上・収益貢献があるのか、そこに対してどの程度の営業リソースを割いているのかを明らかにする必要があるのです。

　この顧客の現状分析には大きく分けて更に2つのステップがあります。
①RFM分析
②顧客の営業間接費の詳細ランク付け
です。

　まずRFM分析はRecency（最終購入日）、Frequency（頻度）、Monetary（購入金額）で顧客の購買動向を分析する手法です。

　このRFM分析は主に小売業やECといった業界で利用することが一般的ですが、後に行う詳細ランク付けを加えることで、法人顧客にも利用が可能です。

　クライアントの顧客をそれぞれ最終購入日、注文回数、合計購入金額

図表 5-2 ▶ RFM分析の元データの整理

顧客名	最終購入日	経過日数	注文回数	合計購入金額
A	2022/6/3	152	2	11,000
B	2022/1/6	300	1	28,000
C	2022/8/1	93	4	56,400
D	2022/10/4	29	5	64,300
E	2022/4/3	213	9	109,820
F	2022/1/11	295	4	45,930
G	2022/7/5	120	12	112,540
H	2022/9/20	43	8	87,030
I	2022/2/2	273	6	72,100
J	2022/3/3	244	3	22,100

で分類し、それぞれの項目について、3つのランクを設定することで、顧客を9つの領域に分類していきます。

　具体的には、図表5-2のように、エクセルで顧客のデータをそれぞれ3項目分抽出し整理を行います。

　その際に経過日数を計算しているのは、顧客の分類を行う際に、経過日数で分類した方が、分類しやすいからというのが理由になります。

◆顧客分類は仮説力＋実体感をセットにする

　これらデータの整理が終わったら、次は顧客の分類を行います。

　実はこのR、F、Mのそれぞれのランク分類をどのように行うかが難しいポイントです。

　ここはコンサルタントの仮説力とクライアントの実体感によるところがあり、一概にこの数値を定義すればよいというものはありません。

　本データであれば、経過日数については、塊として、29日や43日と

いった短期間で購入される顧客がいる一方で、200日以上の顧客も多数存在しています。そこで、データのばらつきをみて、50日以内に買っている顧客、150日以内に買っている顧客、それ以上日数が空いている顧客の3分類としてみましょう。

購入頻度については、5回未満の顧客もいますが、10回以上買っている顧客も1名しかいません。

すると、購入回数が1〜2回、3回以上、5回以上といった形がベターでしょう（もちろん5回のところを7回以上などに変えても構いません）。

購入頻度については、10万円以上が2名いますが、3万円以下の顧客もあります。平均的には5〜6万円程度になります。そこで、7万円以上、5万円以上、5万円未満の3分類に分けるのが妥当でしょう。

これらを図表5-3でランク表に整理します。

そしてこれらのランク表を元に、顧客を分類すると、AからJの顧客はただのエクセル上に数字が並んでいるだけだったものが、どの顧客がより優先度の高い顧客かをランク付けることができます。それが図表5-4です。

図表5-4を踏まえると、AからJ社の中で最重要な顧客はH社であり、次に重要な顧客群はC、D、G社の3社であることがわかります。これらの4社に対して、適切なサポート、例えば重要顧客向けのプログラムや追加サービスを行えているのか、という点をRFM分析は明らかにしてくれます。

ただし、このRFM分析には1つ弱点があります。

図表5-3　RFMのランク表

ランク	R	F	M
3	50日以内	5回以上	7万円以上
2	150日以内	3回以上	5万円以上
1	150日以上	3回未満	5万円未満

図表 5-4 RFM を踏まえた顧客のランク付け

顧客名	最終購入日	経過日数	注文回数	合計購入金額	ランク
A	2022/6/3	152	2	11,000	1
B	2022/1/6	300	1	28,000	1
C	2022/8/1	93	4	56,400	2
D	2022/10/4	29	5	64,300	2
E	2022/4/3	213	9	109,820	1
F	2022/1/11	295	4	45,930	1
G	2022/7/5	120	12	112,540	2
H	2022/9/20	43	8	87,030	3
I	2022/2/2	273	6	72,100	1
J	2022/3/3	244	3	22,100	1

それは売上面からでしか顧客を分類できていないということです。

昨今のサービスの高度化や商品販売の難易度の上昇、コロナ禍における営業手法の複雑化により、営業の間接費が増加しています。そして、多くの企業でこの営業間接費の重要性が見落とされています。

◆間接費まで踏まえた改善がキモ

だからこそ、変革型コンサルタントは、顧客の営業改革で高い成果を上げるために、間接費まで踏み込んだ分析、提案を行う必要があります。

具体的には、RFMで分類した分類に加えて、①クレーム/追加サポート頻度（個人・法人）、②訪問・提案頻度（法人）、③購入確率（法人）を加え、これらの3つが低い企業については、営業間接費が少ないため、仮に売上が少なくとも、営業利益には貢献する優良顧客であるということができます。

図表5-5にこれらのランク表のサンプルを作成しますので、クライア

ランク	クレーム・サポート	訪問・提案頻度	購入確率
3	年1～2回	2～3回	80％以上
2	年数回	4～5回	60％以上
1	それ以上	それ以上	60％未満

ントごとにカスタマイズし、利用してください。

　ここでは、1回あたりの取引で訪問回数が4回を超えると、営業間接費（特に営業人員の人件費）が多分にかかってくるという仮説で設定をしており、購入確率は、提案を行っても購入する確率が毎回低い顧客に対して、積極的な営業をかけ、売上を挙げたとしても、営業利益としてはマイナスになる可能性があるため、確率の低い顧客のランクを下げるという設定をしております。

　そして先程の図表5-4の営業間接費のランクを図表5-3の表に追加し、合計値を採ると、売上と営業利益を含めた重要顧客のランク付けを行うことが可能です。

　図表5-6では、合計ランクの数値が大きければ大きいほど、売上および営業利益の面で貢献している顧客ということになります。

　図表5-6を見ると、最重要顧客はD社、G社、H社の3社であり、次点がC社とE社となります。この結果は、図表5-4の最重要顧客がH社で、次点がC社、D社、G社という結果と異なることがわかります。

　これが、顧客の営業間接費も含めた、真の顧客ランクということになります。

図表 5-6 RFM／営業間接費を含めた顧客のランク付け表

顧客名	最終購入日	経過日数	注文回数	合計購入金額	RFMランク	営業間接費ランク	合計ランク
A	2022/6/3	152	2	11,000	1	2	3
B	2022/1/6	300	1	28,000	1	1	2
C	2022/8/1	93	4	56,400	2	2	4
D	2022/10/4	29	5	64,300	2	3	5
E	2022/4/3	213	9	109,820	1	3	4
F	2022/1/11	295	4	45,930	1	2	3
G	2022/7/5	120	12	112,540	2	3	5
H	2022/9/20	43	8	87,030	3	2	5
I	2022/2/2	273	6	72,100	1	1	2
J	2022/3/3	244	3	22,100	1	2	3

STEP 2
重点顧客の再ターゲティング

　STEP1で真の顧客ランクが明らかになりましたが、この分析では1つ問題があります。

　それは過去のデータを分析しているのみで、将来に渡ってその顧客が重要顧客であるかはわからないし、今ランクが低い顧客だからといって、将来に渡って非重要顧客というわけではないということです。

　従って、特にB2B向けの顧客を扱う場合において、STEP2で外部環境を分析し、将来の消費トレンドも踏まえて、重要顧客の再ターゲティングを完了することになります。

　では、顧客の将来の消費トレンドをどのように分析するかというと、顧客の属する業界のマクロ環境とミクロ環境（つまり顧客自体の情報）のトレンドを把握することです。

　仮に顧客の業界の市場規模が伸びているトレンドであれば、必然的に予算額が大きくなる可能性があり、これまで以上に利用してもらえる可能性が増加します。

　一方で、業界の市場規模が縮小していくトレンドであれば、仮に顧客の中でクライアントの製品・サービスがよほど重要な価値を提供していない限り、予算が小さくなる可能性があります。

　顧客の業界のマクロ環境とミクロ環境を分析する手法は図表5-7の通りです。

◆ マクロ環境は市場規模とトレンド、法改正がマスト

　マクロ環境については、
①市場規模の予測情報
②業界シェアのトレンド
③法改正

| 図表 5-7 | 顧客の業界のマクロ・ミクロ環境分析 |

分類	内容	情報源	ポイント
マクロ環境	市場規模の予測	・矢野経済研究所 ・富士キメラ総研 ・業界四季報 ・未来市場2019-2028	今後業績が向上する可能性はあるか
	業界シェアのトレンド	・矢野経済研究所 ・富士キメラ総研 ・業界四季報	シェアの拡大もしくは維持のために投資を行うか
	法改正	・法改正サイト	法改正で業界構造が変わるか
ミクロ環境	業績	・IR ・帝国データバンク	売上や利益は拡大傾向にあるか
	株価	・Yahoo!ファイナンス	株価は安定しているか
	人事情報	・日経人事ウオッチ ・ヒアリング	TOPのバックグラウンドからクライアントへの投資が増える可能性はあるか

の3つを最低限把握することが懸命です。

　①市場規模の予測情報については、様々な情報源がありますが、カバーする業界／市場の広さから矢野経済研究所や富士キメラ総研の調査を利用することが一般的です。

　他にも、業界四季報も簡単に入手できる情報源として有用ですし、IT系などの新業界であれば、日経BP社の『未来市場2019-2028』が有用です。

　次に②業界シェアのトレンドについてです。

　シェアが維持もしくは拡大傾向にあれば、様々な分野への投資を行う可能性がありますし、逆にシェアが縮小している傾向であれば、別の事業などへ投資を振り向けてしまう可能性があります。

　最後に③法改正についてです。

　法改正があると、業界構造が変わったり、業界下位の企業にチャンス

が訪れたりすることがあります。例えば、法改正によって新規参入が増えたり、逆に規制が増えたりして、大手企業がM&Aによって中小を買収していくというパターンもあります。

そのため、法改正も業界のトレンド、ひいては顧客の将来の消費トレンドを把握するために重要な要素となりえます。

◆ 業績・株価・人事情報がミクロ環境

次に、ミクロ環境、つまり顧客自体の情報についてです。

ここでは、

①業績

②株価

③人事情報

の3つを見ていきます。

まず①業績です。

これについては、上場企業であればIR資料に掲載をされているため、調査をすぐに行うことができますが、未上場企業であれば、業績の情報を入手することが難しくなります。

そこで利用できるのが、帝国データバンクや商工リサーチのデータです。

これらの調査会社の情報は、大きく分けて、詳細版と簡易版の2種類があり、詳細版は数万円程度かかりますが、会社の情報を極めて詳細に分析しています。

一方で簡易版は業界での順位や株主構成、売上と純利益のみが1年もしくは3年分といった形で数千円の価格帯で提供されています。

そのため、先の重要顧客にランク付けされる企業については詳細版で細かな動向を追いかけるとともに、重要度の低い顧客については、売上と利益などを把握するのみに留めるという形でメリハリをつけることで、コストを抑えることも可能です。

　次に②の株価については、上場企業に限定されますが、株価の動向が芳しくない企業ほど、実際には攻めることが少なくコストカットの手法をとりがちです。

　一方、株価の動向が良い企業ほど、攻めの投資、例えば広告や設備投資、採用、M&A、新規事業、業務改善といった活動を行いやすいというのが様々な大企業のコンサルティングをしてきた筆者の経験則です。

　もしクライアントの顧客の中で株価が芳しくないという企業があれば、予算縮小が起きる可能性があるという点を予め念頭に置いて分析・提言を行うことが、コンサルタントの価値につながるでしょう。

◆ 人事情報は顧客の方向性理解に役立つ

　最後に③の人事情報です。

　この人事情報は、第1部でも何度か取り上げたように、顧客が今後どのような方向性に進もうとしているかを理解するヒントになります。

　例えば、マーケティング部出身の部長が取締役や執行役員に昇進したということであれば、企業としてマーケティングを重視するという意味合いとなり、広告系のクライアントからみると、受注を増やすチャンスになるかもしれませんし、逆に営業代行などの企業からすると、営業よりもマーケティング重視となり、予算を抑えられるかもしれません。

　また、財務・経理系の管理職が交代する際には、予算配分の見直しを伴うケースがあるため、注意が必要です。

　以上の点を踏まえ、図表5-6の表に、トレンド情報を加えることで、重点顧客の再ターゲティングが完了します。

　その際、将来のトレンドについても、図表5-8のように、できる限り定量化することをオススメします。

　あくまで仮の情報ですが、将来トレンドを踏まえた、重要顧客の再ターゲティングの結果が、図表5-9になります。

　将来トレンドを踏まえると、最重要顧客は、C社とG社となり、次点が、H社、その次にD社という順となります。

顧客の将来消費トレンドに関する定量評価の例

分類	内容	定量評価
マクロ環境	市場規模の予測	拡大：3 横ばい：2 縮小：1
	業界シェアのトレンド	拡大：3 横ばい／維持：2 縮小：1
	法改正	優位な改正：1 なし／その他：0
ミクロ環境	業績	拡大：3 横ばい：2 縮小：1
	株価	上昇／安定：1 下降：0
	人事情報	優位な変更：1 その他：0

　図表5-6のランクと登場する企業名はほとんど同じですが、より営業の強度をつけるという意味で図表5-9をベースに営業活動を行うことが、業績の拡大、安定につながるということになります。

図表 5-9 将来トレンドを踏まえた重点顧客の再ターゲティング

顧客名	過去データ							将来トレンド						総合ランク
	最終購入日	経過日数	注文回数	合計購入金額	RFMランク	営業間接費ランク	合計ランク	市場規模	シェア	法改正	業績	株価	人事	
A	2022/6/3	152	2	11,000	1	2	3	1	2	0	1	0	0	7
B	2022/1/6	300	1	28,000	1	1	2	2	2	0	2	0	1	8
C	2022/8/1	93	4	56,400	2	2	4	3	3	1	2	1	1	15
D	2022/10/4	29	5	64,300	2	3	5	1	2	1	3	0	0	12
E	2022/4/3	213	9	109,820	1	3	4	2	2	0	1	1	0	10
F	2022/1/11	295	4	45,930	1	2	3	2	1	1	2	1	0	10
G	2022/7/5	120	12	112,540	2	3	5	3	3	0	3	1	0	15
H	2022/9/20	43	8	87,030	3	2	5	2	3	0	2	1	0	13
I	2022/2/2	273	6	72,100	1	1	2	3	1	1	2	1	0	10
J	2022/3/3	244	3	22,100	1	2	3	1	1	0	1	0	0	6

STEP 3

上位・中位営業人員の分析

　図表5-9の結果として重点顧客が明らかになったとは言え、その重点顧客に誰を充てるのかという問題に加え、重点顧客以外をないがしろにしてよいわけではありません。

　企業が売上を維持し、伸ばしていくためには、新規の顧客をマーケティングで獲得したり、新規営業開拓も行ったりしていく必要があります。

　そこで必要になるのが、営業人員の分析です。

　特にハイパフォーマーと呼ばれる、営業成績トップの営業と中位程度のパフォーマー（営業）の差を分析し、中位程度の営業手法やスキルを向上させることで、追加の採用や投資をせずとも業績を向上させることが可能です。

　よくある手法としては営業成績の悪い人員と差分を分析することがありますが、営業成績の悪い人員を底上げするよりも、営業成績が中位の人員を底上げするほうが、早くより確実な成果が出るため、全体の成果の向上のために、上位と中位の分析を筆者は行うことにしています。

　これも客観的な視点で、企業変革をリードする変革型コンサルタントが担う大きな価値であると筆者は考えています。

　では、具体的にはどのように分析を行うかというと、インタビューと業務量調査表へのデータ記入の2つでハイパフォーマーと中位のパフォーマーの活動状況について分析を行います。

◆インタビューでハイパフォーマーの活動を把握する

　まずインタビューを最初に行います。

　インタビューを行う目的としては、業務の全体像を把握し、業務量調査票を作成することが1つと、もう1つの目的として、ハイパフォーマーと中位のパフォーマーが活動のどの要素に重点を置いているのかに

ついて、定性的に把握するためです。

ハイパフォーマーが重視しているのが訪問への準備段階なのか、それとも訪問活動の量なのか、それとも訪問後のアフターフォローなのか、その際に具体的にはどのような活動を行っているのかといった点をヒアリングしていきます。

同様に中位営業がそれぞれどこの活動で、具体的にどのような活動を行っているかをヒアリングしていきます。

インタビューを実施したら、次に業務量調査票を作成していきます。

業務量調査票は図表5-10にサンプルを掲載していますが、クライアントごとに適宜修正を行っていく必要があることをご留意ください。

最初にヒアリングを元に、カテゴリを大分類で分類します。図表5-10の分類ではＡからＦまでの6段階に分類しており、この分類が多くの企業で当てはまると思いますので、そのまま利用していただいても構いません。

その次の行で、業務番号を振り分けているのは、それぞれの業務の分析を簡易化するためですので、記入しておくことをおすすめします。

3行目の業務内容は、カテゴリを具体的に活動ごとに分解したものです。

図表5-10の業務内容は、一般的な営業活動をベースに作成していますが、クライアントによっては、商品ではなくサービスを提供していたり、商品が受注生産であったりする場合もあります。

その場合は、Ｂ〜Ｄの内容を適宜、変更して頂く必要があります。

業務内容を記入したら、再度インタビューでハイパフォーマーに業務内容がうまく記載されているか、確認する方法もあります。

業務内容の次は日時の活動量をそれぞれの営業人員に記入依頼をします。図では紙面の都合で2日分しか記載していませんが、1週間分を記載してもらう必要があります。

また記載してもらう人数ですが、最低でもそれぞれ3人以上は記載してもらう必要があります。なるべくデータ数を多くすることで、ハイパフォーマーと中位のパフォーマーのそれぞれのデータのブレを減らすこ

カテゴリ	業務番号	業務内容	月曜日 AM	PM	残業	合計	火曜日 AM	PM	残業	合計
A 営業系業務（事前準備）	A-1	顧客関連情報の収集	時間 分	時間 分	時間 分	時間 分	時間 分	時間 分	時間 分	時間 分
	A-2	外部での情報収集	時間 分	時間 分	時間 分	時間 分	時間 分	時間 分	時間 分	時間 分
	A-3	新規訪問先の検討	時間 分	時間 分	時間 分	時間 分	時間 分	時間 分	時間 分	時間 分
B 営業系業務	B-1	商品在庫の確認	時間 分	時間 分	時間 分	時間 分	時間 分	時間 分	時間 分	時間 分
	B-2	商品情報の確認	時間 分	時間 分	時間 分	時間 分	時間 分	時間 分	時間 分	時間 分
C 提案準備	C-1	顧客訪問	時間 分	時間 分	時間 分	時間 分	時間 分	時間 分	時間 分	時間 分
	C-2	顧客対応	時間 分	時間 分	時間 分	時間 分	時間 分	時間 分	時間 分	時間 分
	C-3	社内打ち合わせ	時間 分	時間 分	時間 分	時間 分	時間 分	時間 分	時間 分	時間 分
	C-4	商品選定作業	時間 分	時間 分	時間 分	時間 分	時間 分	時間 分	時間 分	時間 分
	C-5	商品説明資料作成	時間 分	時間 分	時間 分	時間 分	時間 分	時間 分	時間 分	時間 分
	C-6	企画書作成	時間 分	時間 分	時間 分	時間 分	時間 分	時間 分	時間 分	時間 分
D 提案	D-1	提案資料送付	時間 分	時間 分	時間 分	時間 分	時間 分	時間 分	時間 分	時間 分
	D-2	社内打ち合わせ	時間 分	時間 分	時間 分	時間 分	時間 分	時間 分	時間 分	時間 分
	D-3	クライアント訪問	時間 分	時間 分	時間 分	時間 分	時間 分	時間 分	時間 分	時間 分
	D-4	プレゼン・提案	時間 分	時間 分	時間 分	時間 分	時間 分	時間 分	時間 分	時間 分
	D-5	再提案	時間 分	時間 分	時間 分	時間 分	時間 分	時間 分	時間 分	時間 分
	D-6	見積書の作成	時間 分	時間 分	時間 分	時間 分	時間 分	時間 分	時間 分	時間 分
	D-7	申込書の作成	時間 分	時間 分	時間 分	時間 分	時間 分	時間 分	時間 分	時間 分
	D-8	在庫確保	時間 分	時間 分	時間 分	時間 分	時間 分	時間 分	時間 分	時間 分
	D-9	商品発送	時間 分	時間 分	時間 分	時間 分	時間 分	時間 分	時間 分	時間 分
E アフターフォロー	E-1	商品到着確認	時間 分	時間 分	時間 分	時間 分	時間 分	時間 分	時間 分	時間 分
	E-2	利用状況の確認	時間 分	時間 分	時間 分	時間 分	時間 分	時間 分	時間 分	時間 分
	E-3	社内打ち合わせ	時間 分	時間 分	時間 分	時間 分	時間 分	時間 分	時間 分	時間 分
	E-4	顧客フォロー	時間 分	時間 分	時間 分	時間 分	時間 分	時間 分	時間 分	時間 分
F その他	F-1	請求処理	時間 分	時間 分	時間 分	時間 分	時間 分	時間 分	時間 分	時間 分
	F-2	その他社内会議	時間 分	時間 分	時間 分	時間 分	時間 分	時間 分	時間 分	時間 分
	F-3	食事・休憩	時間 分	時間 分	時間 分	時間 分	時間 分	時間 分	時間 分	時間 分
	F-4	会食	時間 分	時間 分	時間 分	時間 分	時間 分	時間 分	時間 分	時間 分
	F-5	その他	時間 分	時間 分	時間 分	時間 分	時間 分	時間 分	時間 分	時間 分

とが、正しい論点の整理に役立つためです。

◆データ分析では活動の差を把握する

図表5-10の業務調査票の記載をし終わったら、データの分析を行います。

具体的な分析方法としては、図表5-11の図を作成することが、最初のステップになります。

それぞれの活動量を全体の活動時間で割り、カテゴリごとの大まかな活動量を分析することで、ハイパフォーマーと中位パフォーマーの傾向を把握することができます。

図表5-11のデータを見ると、ハイパフォーマーと呼ばれる人員は、事前準備や提案準備に時間をかけている一方で、提案自体には時間をかけていません。

その理由については、ヒアリングで確認する必要がありますが、事前に顧客に関する情報を入手し、角度の高い提案を行えているため、提案がスムーズに受け入れられ、再提案や再交渉を行う時間が短いという仮

図表 5-11 パフォーマー・営業プロセス別工数構成の分析

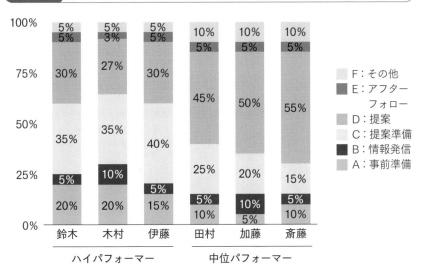

説が考えられます。

一方で中位のパフォーマーについては、提案活動の量を担保しようとするあまりに準備がおろそかになっており、結果的に無駄な提案や訪問が多くなっているという仮説が考えられます。

図表5-11で全体の傾向値を把握した次に、図表5-12の通り、ハイパフォーマーの行動プロセスを具体的分析していきます。

その際は既に行ったインタビューと図表5-11のデータを活用すれば充分ですが、時間が許せば、データを元に追加でヒアリングすることもより深いレベルで仮説検証を行うためには、有効だと考えます。

図表 5-12　ハイパフォーマーの行動プロセスの分析

	事前準備	情報発信	提案準備	提案	アフターフォロー	その他
活動状況	・顧客の業績や事業に冠する情報収集を重視	・確認事項を最小化する	・事前準備を参考に顧客の課題を深いレベルで掘り下げる	・提案プロセス前には社内でロールプレイングを実施	・商品到着の確認と利用後のフォローアップは先回りして行う	特になし
成功要因	・顧客の課題に関する仮説を事前に持って訪問することで、ヒアリングの成果が上がる	・無駄な作業に時間をかけず、作業を定型化する	・類似事例に詳しい社内のメンバーに相談することで、企画書の質を向上させる	・提案前に事前の資料送付を徹底することで当日の提案のズレを減らす ・提案活動では、話すだけでなく、顧客とディスカッションを重視する	・顧客から問い合わせがあるまえに、連絡を定期的に行う	・無理な会食には参加しない

◆ハイパフォーマーの成功要因を行動プロセスごとに把握する

図表5-12はインタビューとデータを組み合わせてハイパフォーマー３名の行動プロセスを分析したものです。

これを見ると、活動量だけでは明らかでなかった、ハイパフォーマーの行動と彼らの考える成功要因が明らかになります。

例えば、事前準備の中で、顧客の企業情報をしっかり理解した上で、訪問を行うというコンサルティング営業の形を重視している点や、類似の事例に詳しいメンバーを探し、社内でも積極的に知見を獲得することで、提案の角度を上げる活動をしている点、更には、顧客には提案するというよりもむしろ、よりよい状態をお互いに作り上げていくためのディスカッションの場として活用しているという点が得意な点であると言えます。

同じ図を中位のパフォーマーでも分析を行うと、ハイパフォーマーとどの部分で、どのような活動に差があるかを把握することができます。

このハイパフォーマーと中位のパフォーマーとの具体的な行動プロセスの違いまでを把握した段階で、STEP3は終了し、ハイパフォーマーの勝ちパターンの型化と共有を行っていきます。

STEP 4

勝ちパターンの型化と共有

STEP3で分析したハイパフォーマーと中位のパフォーマーとの差、つまりハイパフォーマーの勝ちパターンを型にし、それを社内で共有し、営業組織全般の底上げを行うことが、STEP4になります。

一般的な営業コンサルティングに関する書籍であれば、このプロセスを提案資料に起こしたり、ハイパフォーマーの営業同行を行ったり、ハイパフォーマーとロールプレイングを行うことで、型を身に付け、共有を行うという内容が記載されています。

しかしながら、これが言うは易く行うは難しで、実際に組織に根付かせるには相当の努力が必要になります。

忙しい営業人員に新たに時間を設けて、教育を行う必要がある訳ですから、当然といえば当然です。

このSTEP4こそが、変革型コンサルタントが営業組織を変革するために特に腕を振るうポイントとなります。

具体的な変革の手法としては、コッターの変革の7段階を参考にしていただくのも良いと思いますが、営業組織ではネガティブな要素よりもむしろポジティブな要素に目を向けて、変革をリードしていくことのほうが成功確率は高いと筆者は感じます。

そこで、営業組織の変革に向けた具体的なステップを図表5-13に示しました。

◆ハイパフォーマーのトークや資料を型化する

最初のステップは、ハイパフォーマーの型の抽出です。

STEP3で特定したハイパフォーマーと中位のパフォーマーとの差を軸として、ハイパフォーマーのトーク例や資料準備の方法、提案資料の雛形を整備していきます。

トーク例については、図表4-6のように、アイスブレイクから、ヒア

図表 5-13　勝ちパターンの型化と共有のステップ

ハイパフォーマーの型の抽出	対象チームの選定	成果指標の設計	成果に対する表彰と共有	全社展開
・ハイパフォーマーのトーク例、提案資料を型化する	・ハイパフォーマーの営業プロセスを浸透させる小さな対象チームを選定する	・ハイパフォーマーの営業プロセスのどの要素をインプットできれば成果が上がるかの指標を設計する	・対象チームの成果を全社で表彰すると共に、参加したハイパフォーマーへの表彰とプラスの人事考課を行う	・対象チームの成果を踏まえ、全社展開を行う

勝ちパターンの型化と共有

リング、提案までのプロセスについて、何を、どのように、どのタイミングで話すのかを訪問への同行およびロールプレイングで明確化していきます。

　資料準備の方法については、具体的にどのような情報源や情報の整理の仕方をしているのかについて、ハイパフォーマーにヒアリングし、資料化していくことが可能です。

　また提案資料については、過去の提案資料をいくつか提出してもらい、どのような要素が組み込まれているのかを分析します。

　具体的には、何ページ目に何が書かれているのか、それをどのように作成しているのかを資料準備と同様にヒアリングしておくのがベストです。

　上記のトーク、準備、提案資料をセットにして、組織に共有していきます。

　ここで、1部で解説した、変革を成功させるためにクイックウィンを達成することを目指します。

　そのためには、いきなりハイパフォーマーのやり方を全社展開するのではなく、数人のチームで試してみて、実際に成果が上がるか否かを見極めていくことになります。

　そして、成果を上がる過程での成功や失敗も含めて、全社展開をする

ことで、より早く、より確実に営業組織の変革を行うことができます。

では、チームの選定方法をどのように行うかについては、

①新規営業を行うチーム

②新人が多いチーム

③弱いエリアや顧客を担当するチーム

といった3つの選定方法があります。

それぞれ、既存の営業成績の影響が少なく、成果を数字でも実体験でも理解しやすいという理由で、チーム選定方法の基準となっています。

どれを選択するかは、新規営業を強化しているか、新人が多数入っているかという要因が影響しますので、クライアントの状況に合わせて選択していただく形で問題ありません。

◆成果指標導入でも抵抗者を巻き込む

チームを選定したら、成果指標を設計します。

成果指標とは、どのような要素を達成できれば、チームへハイパフォーマーの型のインストールが成功したと言えるかという指標となります。

図表5-12の行動プロセスを軸に、例えば提案資料作成に時間がかかり受注率も低かったメンバーが、型をインストールしたことで、提案資料作成の時間が40％削減し、かつトークスキルを学んだことで受注率が20％向上するといった指標を設定し、具体的にハイパフォーマーの型のインストールを行っていきます。

この点においても、1部で学んだ変革のスキルが役に立ちます。

それは、どんな小規模なチームであっても、必ず既存のやり方を変えたくない、変革の抵抗者が存在するということです。

そのため、抵抗者の早期発見と、巻き込みが重要になります。その方法としては、変革に燃える人材とペアにするということです。

変革に燃える人材は少しばかりネガティブなメンバーがいても、その心の火が消えることはあまりありません。このような人材はむしろ、外部からの評価に敏感なため、営業部長や役員から声をかけてもらうこと

で、すぐにエネルギーが回復する傾向にあるからです。

　ですから、変革の抵抗者を早期に見つけ、その抵抗者を叩くのではなく、チームの力で変革に前向きになってもらうということです。

　そして、抵抗者が活動に慣れてきたら、自分でも率先してハイパフォーマーの活動を実践させ、身に付けさせます。

　過去の筆者の経験では、当初の抵抗者を味方につけることができれば、全社展開の際に、実は最も率先して協力する人材になるケースが多くあります。

　そのため、焦る必要はありませんが、抵抗者にもどんどんハイパフォーマーの型をインストールし、それによって成果が上がることを実感させることが、後の全社の変革の際にプラスの要素となる可能性を考慮に入れる必要があるのです。

◆ハイパフォーマーの型化は１ヶ月以内

　では、これらのハイパフォーマーの型化をどの程度の期間実施するかですが、大体２週間〜１ヶ月が妥当なラインではないかと思います。

　これ以上長い時間軸すると、クイックウィンを早期に確かめ、共有することが難しくなるためです。

　そして活動の中でうまく行った部分、うまく行かなかった部分を含めて、どのような原因が考えられるのかを、整理していきます。

　ここで、論点設計力が試されます。

　原因はメンバーの経験なのか、教え方なのか、顧客の特性なのか等を踏まえて、論点設計をします。

　そして、その論点さえ定まれば、全社共有の際にどのように展開していくかを決定することが可能になります。

　では、なぜいきなりSTEP5の全社展開に進まず、STEP4で表彰・報酬というプロセスがあるかというと、ご存知の通り、変革の際には人事を変えることが最も組織への影響があったからです。

　プロジェクトに協力したハイパフォーマーとチームに表彰と報酬を与え、これらの活動が会社として正しい方向へ進んでいることを示すので

す。

　また20〜30名などある程度大きな営業組織を持つ企業であれば、ハイパフォーマーに「営業変革リーダー」や「営業変革黒帯」などの社内タイトルを付ける、彼らが全社展開する際の拠り所にするという手法も営業組織変革を行う際に有効な手段となりえます。

　このようなプロジェクトを社内で牽引するメンバーにタイトルを付ける活動はトヨタやGEといった製造業の社内業務改革のプロジェクトでよく行われていますが、営業組織でも有効です。

　寧ろ営業組織のようなポジティブな組織のほうが、水戸黄門の紋章のように活動を正当化しやすいこともあります。

　以上のように、1部で紹介した論点設計スキルや組織変革のスキルを用いることで、仮に読者が営業組織変革のコンサルティングを行ったことがなくとも、中小企業のオーナーと一緒に行うコンサルティングなどでは変革をある程度の成果で行うことができるでしょう。

　もちろん、中堅企業など組織規模が大きくなればなるほど難易度が高くなるため、最初は小規模な企業で経験を積むことが肝要です。

5-5 リソースの最適配置と営業管理の高度化

　最後に、再ターゲティングした重点顧客と中位のパフォーマーのレベルアップが完了しているため、どの顧客にどの営業リソースを充てるのかを再整理し、組織編成や担当替えを行います。

　例えば、ハイパフォーマーを重点顧客に充て、中位のパフォーマーを次点の顧客に、低位のパフォーマーにそれ以外の顧客に充てるということが短期的には正解になるのですが、その場合中長期で新規の顧客開拓が遅れる要因になります。

　業界にもよりますが、筆者は、ハイパフォーマーを新規顧客と中位のパフォーマーのサポート、中位のパフォーマーに最重点顧客と、次点の顧客、下位のパフォーマーにその他の顧客という形で構成することが妥当ではないかと考えます。

　こうすることで、中位のパフォーマーが上位顧客を担当するスキルを上げることができますし、成果を挙げられるハイパフォーマーが新規顧客を担当することで、新規開拓を低位のパフォーマーが行うよりも、成果が上がりやすくなります。

　以上のような組織編成や担当替えを行った後で行いたいのは、営業管理の高度化です。

◆ KPI管理の深化は配置を容易に

　ここまで紹介した内容はあくまで営業プロセスの改革であり、さらなる営業組織の変革のためには、営業管理自体も高度化していく必要があります。

　具体的には、KPI管理の深化とダッシュボード化です。

　KPI（Key Performance Indicator）とは、売上などの財務指標に影響を与える要因のことであり、例えば一番大きな要素としては、単価や客数などが該当します。

しかしながら、単価や客数といった漠然とした数字を追いかけても、具体的に既存顧客の単価なのか、新規顧客の数なのか、どこが問題で売上が上がらないのかを捉えることができません。

　そこでKPI管理の要素を細かくし、KPIツリーと呼ばれる、より詳細の数値分析ができ、かつ改善が行えるようにKPI管理を深化させる必要があります。

　具体的には、図表5-14に参考となるKPIの分解を記載しました。

　このKPIをどのように細かくするかについては、営業プロセスによって異なりますが、KPIツリーは新規顧客と既存顧客に分け、それぞれの客数と客単価、購入回数で分解していく形が一般的です。

　図表5-14では法人営業をベースに、更に新規顧客を大型案件と中小型案件、既存顧客を重点顧客とそれ以外に分けて、分析ができるようなツリーを作成しています。

　このKPIを用いることで、企業の売上のうち、どこがうまくいってい

図表 5-14　KPIツリーの深化

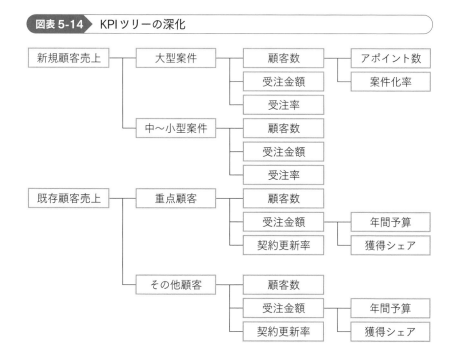

て、どこがうまく行っていないかを明らかにすることが可能です。

　例えば、中〜小型案件の顧客数は足りているが、受注金額が低いとか、大型案件で受注率が低いといったように、それぞれの課題を明らかにしていきます。

　更には、一部だけ記載しましたが、顧客数をアポイント数と案件化率に分けることで、アポイントが足りないのか、それともアポイントから有効な提案機会を得られないのか（その両方の場合もある）を明らかにしていきます。

　受注金額についても、既存顧客であれば、年間予算がわかっている場合もあるため、その予算額に対して、自社がどれだけシェアを獲得できたかといった分析も可能になります。

　以上のように、KPIツリーを深化させていくことで、顧客の営業活動を更に高度なレベルで変革していくことが可能です。

　最終的には、変革のスキルにもあったとおり、このKPIツリーが社内の共通言語となり、社員の会話の中で、KPIツリーに関する用語が交わされるようになれば、営業組織の変革プロセスは終了したと言って良いでしょう。

◆ KPIツリーの管理にBIツール

　ちなみにこのようなKPIツリーの分析を社内の管理表やエクセルで都度計算することは手間がかかるため、昨今ではBIツールを導入するケースが増えています。

　BIツールとは企業内にある様々なデータを基に分析、図式化／表式化し、意思決定に役立てるソフトウェアのことです。

　小規模組織には向きませんが、売上が10億円以上などある程度の規模であれば、一定の顧客数があり、かつBIツールを導入するコストも導入によるメリットで賄えると思われます。

　図表5-15に主要なBIツールをまとめました。

　筆者としては中小企業の場合、エクセルの利用が多いPower BIや

主要BIツールの一覧

サービス名	提供者	特徴	値段
Power BI	マイクロソフト	・エクセルのデータなどを簡単にグラフや表を作成可能 ・わかりやすいレポートの作成	基本無料。有料サービスを導入すると、共有や共同編集が可能
Tableau	Tableau	・ダッシュボードを簡単にカスタマイズ可能 ・データ元が更新されると、自動で更新される	データ作成アカウント：月額70ドル／ユーザー データ閲覧アカウント：月額15ドル／ユーザー
Domo	Domo	・500以上ものデータ元と接続できる ・リアルタイミのデータ自動更新 ・アラート機能搭載	見積もり対応
MotionBoard Cloud	ウイングアーク1st	・直感的な操作性でチャートやダッシュボードを作成 ・地図上にデータを表示 ・アラート機能搭載	基本プラン：月額3万円／10ユーザー

2022年12月現在

Motion Board Cloudを選択することが、コストメリットの観点でも最適だと思います。

　一方で、CRMやWEBマーケティングなどを積極的に行っているデータ保有量が多い中堅や大企業であれば、TableauやDOMOを利用することもメリットがあります。

　これらのBIツールを活用することで、KPIをより早く分析し、より早く改善することができます。

　以上で営業組織変革に関する一連のコンサルティングの推進方法は終了です。

　次章では、業務改革プロジェクトの推進方法について解説を行っていきます。

業務改革プロジェクト
推進法

業務改革プロジェクトでは、目の前のコスト
カットでは中長期的な成果が上がりません。事
業と業務がどのように中長期的に変化するのか
を見極め、中長期の視点からあるべき姿を描く
ことが、重要です。業務改革を行うための手法
はフレームワークとして定義できるため、クラ
イアントとともに実際の業務に当てはめて活用
することが重要です。

STEP **1**

あるべき姿の定義

　前章では、第1部で取り上げたノウハウやスキルも活用しながら、営業変革プロジェクトの推進方法について解説を行いました。

　本章では、ウィズコロナおよびアフターコロナに向けた業務改革を目指す企業が多いことを前提に、業務改革プロジェクトの推進方法について解説を行います。

　ここで業務改革とは、業務改善とは異なる意味合いで使用しています。業務改善とは今まで行っていた業務をより効率的にするために行う活動であると筆者は考えます。

　一方で業務改革とは、業務自体をゼロベースで見直し、再構築しなおすことを指します。

　したがって、業務改革とは異なり、ある活動が必要であればさらに業務を追加することもありますし、必要がなければ業務自体をなくすということをも検討することになります。

図表 **6-1**　業務改革プロジェクト推進の5STEP

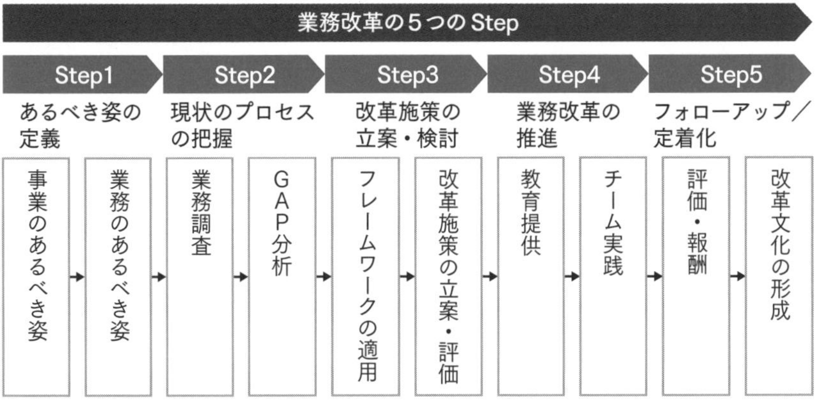

そしてこのような変化の激しい時代だからこそ、業務改善の積み重ねだけではなく、抜本的に業務を見直す、業務改革が必要になると筆者は考えます。

以下で業務改革プロジェクトの推進法を具体的に解説していきます（図表6-1）。

◆ あるべき姿の定義がスタートライン

まず業務改革プロジェクトで最初に行うステップは、あるべき姿の定義です。

これは、先の業務改革の定義である、業務自体をゼロベースで見直し、再構築しなおすという定義から必然的に、そもそも何をすべきなのかが必要になるために、最初のステップで検討するべき事項となります。

このあるべき姿の定義は大きく分けて、
①事業のあるべき姿の定義
②業務のあるべき姿の定義
の2つの小ステップに分けられます。

まず①事業のあるべき姿の定義についてです。

業務自体をゼロベースで見直すためには、そもそもどんな事業を、どのような事業プロセスで行うのか自体をゼロベースで考え直す必要があります。

これは非常に難しいことなのですが、このプロセスを踏まなければ、小手先でITツールを導入しました、この業務プロセスで会議を減らしました、といった簡単な業務改善活動で終わってしまうことになりがちです。

ここで難しい論点は、事業のあるべき姿をどの時間軸で検討すべきなのか、という点になります。

いま目の前で「こうだったらいいよね」という視点で見直しても、それこそゼロベースで考えたことにはなりませんし、とはいえ、この事業環境の変化が激しい中で、10年先・20年先を見通して、事業のあるべ

き姿を描くということは、よほどの体力のある大企業でもかなりの離れ業です。

やはりこの時間軸は、ハイプサイクルでご紹介した、テクノロジーの進化・普及のスピードを見ても3年、長くて5年程度が妥当ではないかと思います。

中小企業であれば、2年後、3年後でも未知の世界ということは充分あり得ますので、その際は、決めの問題で2年後というのでも良いかもしれません。

では、3〜5年程度の時間軸で事業のあるべき姿を描くとして、その描き方はどのようになるか、が次の論点になります。

詳細な分析の仕方については、第7章の新規事業の章で解説を行いますが、技術の変化や法改正、インバウンド需要など外部環境の変化を見通しながら、3〜5年後にどのような事業をクライアントは行うべきなのか、その際のビジネスモデルやビジネスプロセスはどうあるべきなのか、という視点で考えることが必要です。

その描いたあるべき姿から、今、目の前でどんな事業をどのように行うべきかをどんどん具体化していくという手法です。

図表6-2の通り、自社のあるべき姿から逆算して、今行うべきことを

図表 6-2 バックキャスト型とフォアキャスト型

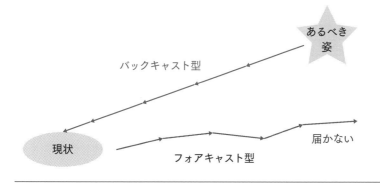

定義するため、このような考え方をバックキャスト型の思考と呼ばれています。

◆ **日本企業が得意とするフォアキャスト型の問題点**

一方で、日本企業の多くが得意とするのは、フォアキャスト型という、いま目の前のやるべきことを積み上げて、3～5年後に目標に到達するという考え方です。

このような考え方は、環境変化もなく、ただ愚直に改善を積み上げていけば売上が伸びる時代では正解だったのですが、現在のような変化の激しい環境下においては不向きであると言われています。

余談ですが、このバックキャスト型とフォアキャスト型という考え方自体は、もともとはSDGsの推進のために国連などの期間が普及を進めてきた考え方なのですが、現在では経営戦略策定の世界でも、標準になりつつあります。

具体的にバックキャスティング型で事業のあるべき姿を描くには、先に述べたとおり、外部環境の変化を見出す必要があります。

その際には、図表5-8でご紹介をした参考資料をベースに情報収集を行うと良いと考えられます。

そしてそれらの情報を整理する方法としては、既にご存じの方もいらっしゃるかと思いますが、所謂PESTフレームワークで整理を行うことが、わかりやすさと視点の抜け漏れを防止するという意味で最善であると考えます。

しかしながらインターネット上で掲載されているPESTフレームワークの解説は、その内容には、抜け漏れがあったりするなど、不正確なものも少なくありません。

そこで、より網羅的に、事業のあるべき姿を描くためのPESTフレームワークの枠組みを図表6-3に整理しました。

PESTフレームワークの中身についても、かんたんに触れておきます。

まずはPolitics。

ここでは、業界の法規制動向や税制の動向がどの様に事業に影響する

図表 6-3 PEST フレームワーク

Politics
・法規制、税制、財政、外交の動向

Economy
・生産および輸出動向、為替動向

Society
・人口動態および文化の動向

Technology
・科学および IT の技術や知見の動向

のか。法改正の動向をまとめたサイトや業界団体のHPなどで確認が可能です。

また消費者が顧客の場合、税制や財政動向によってそもそもの消費が落ち込んだり、特定の商品が増税されたりといった問題が生じえます。

他にも外交の動向によっては、前回のトランプ大統領のときのように、中国への輸出が難しくなるといった状況が生まれる可能性もあります。

◆ Economyでは生産・輸出と為替を把握する

次にEconomyです。

ここでは生産・輸出動向と為替動向の2つが主要な調査項目になります。

生産・輸出動向については、実際にはPoliticsとも密接に関連していますが、国および業界の生産や輸出動向を調査します。

他にも生産ではありませんが、IT系であれば、インフラやネットワーク、機器など各サービスへの支出動向が、一般社団法人日本情報システム・ユーザー協会（JUAS）で毎年調査をされていますので、数年分を調査することが可能です。飲食系であれば、フランチャイズチェーン協会のデータ等が利用可能です。

また為替動向は予測することはプロでさえかなり難しいですが、現状

の円安方向がこれからも続く、もしくは逆に円高に振れた場合に事業および収益はどうなるのか、生産先や仕入先は変わるのかといった視点を予め持っておくことは重要です。

次にSocietyです。

ここでは大きく分けて、人口動態と文化の動向についての要素があります。

人口動態については、少子高齢化という大きな括りでは理解をされている方でも、例えば地域で自社のサービスを利用するユーザー数がどう推移していくのか、インバウンド客が今後徐々に増加し始めた場合にどうなるのか、というより事業に関連する視点で見つめ直す必要があります。

加えて文化についての視点も重要です。

現在の日本は日本人の日本語文化がメインですが、徐々に海外の移住者の方も増え、インバウンド客も増えという状況がアフターコロナの世界で訪れると予測されます。

その際には、今までと違った商品、例えばヴィーガンが流行したり、今までよりも多言語を重視した店舗開発が求められたりなど、そもそもの商売の基盤が変化する可能性があります。

最後にTechnologyです。

ここでは、科学技術とIT技術の発展動向という要素があります。

技術というとITの技術が社会に大きな影響を与えるために、まず目に付きがちです。そして、これはDX時代の現代においても最も重要な技術であることに疑う余地はないでしょう。

しかしながら、ゲノムやバイオといったライフサイエンスの技術進歩も重要な影響を与える業界・業種は多数ありますし、資源や生産技術が重要な要素を与える業界・業種も多数あります。

つまり、PESTフレームワークは、何でもかんでも調べるというものではなく、自社の今後の事業に関連する重要な論点は何かを明らかにした上で、フレームワークの要素について調査をしていく必要があるということになります。

そしてこれらの調査を踏まえて、3〜5年後の事業のあるべき姿を描いていくことになります。

◆ 業務のあるべき姿によって具体化する

次に、②の業務のあるべき姿です。

①の事業のあるべき姿を定義したら、その事業を行うために必要な事業プロセスを検討していきます。

場合によっては現在の製品やサービスに付加する製品やサービスもあるかもしれません。その場合は、その製品やサービスについて、業界紙などでできる限り整理を行っていきます。

その際に、有効なのは、図表6-4のようにバリューチェーンを使った整理になります。こちらは製造業を例にして筆者が作成したサンプルです。

なお、バリューチェーンの分析では管理部門の整理が難しいため、管理部門については、別途事業に即した3〜5年後の人員数やスキルについ

図表 6-4　バリューチェーンを活用したあるべき業務プロセスの整理

	企画	R&D	設計	購買	製造	販売
業務の方向性	・マーケットインとプロダクトアウトの両者を活かした企画開発	・ターゲットを明確化することによる研究開発の効率化	・DXシステムの導入 ・設計プロセスの標準化 ・若手のスキルアップ	・AI自動発注 ・AI在庫最適化 ・購買のグローバル化	・人手頼みではなく、生産の仕組みの導入 ・多能工化 ・現場DXの活用	・CRMの活用 ・WEBマーケティングによる集客 ・アフターセールス強化
業務詳細	・国内事例調査 ・海外事例調査 ・N-1インタビュー ・未利用ユーザーのインタビュー	・アジャイル型の研究開発の設計 ・開発段階でのユーザーヒアリング	・ITシステムを軸とした設計 ・標準化された設計プロセスを元にした業務推進 ・OJT教育の強化	・AIによる自動発注での効率化 ・AI在庫の最適化とスペース削減 ・購買のグローバル調達推進	・生産の仕組み化の導入 ・多能工化 ・現場DXシステムによる手作業の削減 ・ペーパーレス	・CRM/MAを活用した顧客リレーションシップ把握 ・顧客リレーションに基づいた販売戦略の実行

いての整理を行う必要があるという点には留意が必要です。

　製品の販売までの流れに沿って、上に大カテゴリとして業務のあるべき方向性を記載した上で、下部の詳細の業務プロセスを記載するようにしていくことで、ゼロベースで将来行うべき業務プロセスが明らかになります。

　それをさらに、図表6-5のように、年度別に分けて分解していければSTEP1は完成です。

図表 6-5 　あるべき姿をベースとした年次別の業務詳細

		企画	R&D	設計	購買	製造	販売
業務詳細	5年後	・国内事例調査 ・海外事例調査 ・N-1 インタビュー ・未利用ユーザーのインタビュー	・アジャイル型の研究開発の実行 ・開発段階でのユーザーヒアリング	・IT システムを軸とした設計 ・標準化された設計プロセスを元にした業務推進 ・OJT 教育の強化	・AI による自動発注での効率化 ・AI 在庫の最適化とスペース削減 ・購買のグローバル調達推進	・生産の仕組み化の導入 ・多能工化 ・現場 DX システムによる手作業の削減 ・ペーパーレス	・CRM/MAを活用した顧客リレーションシップ把握 ・顧客リレーションに基づいた販売戦略の実行
	3年後	・国内事例調査 ・海外事例調査 ・N-1 インタビュー	・全社でのアジャイル型の研究開発の設計と実行	・標準化された設計プロセスを元にした業務推進 ・OJT 教育の強化	・AI による自動発注での効率化 ・購買のグローバル調達推進	・生産の仕組み化の導入 ・現場 DX システムによる手作業の削減 ・ペーパーレス	・CRM/MAを活用した顧客リレーションシップの強化
	現在	・国内事例調査 ・海外事例調査 ・N-1 インタビュー	・PJT 単位でのアジャイル型の研究開発チーム編成と実行	・標準化された設計プロセスを元にした業務推進 ・OJT 教育の強化	・AI による自動発注システム導入と手作業の連携	・現場 DX システムによる手作業の削減 ・ペーパーレス	・CRM/MAの導入によるマーケティング／営業業務効率化

部署・チーム単位での現状の
プロセスの把握

　業務のあるべき姿の定義が完了したら、次は①現状との比較を行い、②あるべき姿と現状とのギャップを分析します。

　まず①の現状との比較については、営業改革の際に登場した業務調査票を活用することが有用です。

　その際には、図表6-5の現在という欄に記載した業務カテゴリを軸に、記載していくことが必要になります。

　具体的には、マーケティングの企画を外部事例や顧客ニーズから探索することがゴールになっていますので、図表6-6のような業務調査票を作る必要があります。

　図表6-6の業務調査票は、カテゴリAの市場調査や顧客理解、カテゴリCの企画段階でのユーザーヒアリングなど目指すべき姿に関する業務内容を網羅しながらも、アンケートや企画書の作成といった既存業務についてもカバーするように設計をしています。

　この図表6-6の業務調査票を参考に、R&D以下の業務調査票も作成することが可能です。

◆ GAP分析により、課題を特定する

　次に、この業務調査票を各部署、各チームで作成し、本来行うべき業務と、現在の業務とのGAPを分析していきます。

　図表6-7では、業務調査票で得た各カテゴリの業務量と、5年後から逆算した現在のあるべき業務量（姿）を上下で整理しています。

　本サンプルでは、市場調査での業務が足りていないこと、および企画準備で業務量はあるものの、必要な業務ではない部分に時間が割かれていること。

　そして提案では不必要な業務が多く、本来は提案業務を削減し、市場調査や企画段階の業務に時間を充てるべきであることがGAPであると

図表 6-6　現在のあるべき姿を反映したマーケティング業務の業務調査票

カテゴリ	業務番号	業務内容	月曜日 AM	PM	残業	合計	火曜日 AM	PM	残業	合計
A マーケティング業務（市場調査）	A-1	自社関連情報／事例の収集	時間 分	時間 分	時間 分	時間 分	時間 分	時間 分	時間 分	時間 分
	A-2	外部での情報収集	時間 分	時間 分	時間 分	時間 分	時間 分	時間 分	時間 分	時間 分
	A-3	類似商品の現場調査	時間 分	時間 分	時間 分	時間 分	時間 分	時間 分	時間 分	時間 分
B マーケティング系業務（顧客理解）	B-1	クレームの確認	時間 分	時間 分	時間 分	時間 分	時間 分	時間 分	時間 分	時間 分
	B-2	顧客要望の確認	時間 分	時間 分	時間 分	時間 分	時間 分	時間 分	時間 分	時間 分
C 企画準備	C-1	データ分析	時間 分	時間 分	時間 分	時間 分	時間 分	時間 分	時間 分	時間 分
	C-2	ユーザーヒアリング	時間 分	時間 分	時間 分	時間 分	時間 分	時間 分	時間 分	時間 分
	C-3	ユーザーアンケート	時間 分	時間 分	時間 分	時間 分	時間 分	時間 分	時間 分	時間 分
	C-4	コンセプト設計	時間 分	時間 分	時間 分	時間 分	時間 分	時間 分	時間 分	時間 分
	C-5	デザイン設計	時間 分	時間 分	時間 分	時間 分	時間 分	時間 分	時間 分	時間 分
	C-6	企画書作成	時間 分	時間 分	時間 分	時間 分	時間 分	時間 分	時間 分	時間 分
D 提案	D-1	企画書の事前回付	時間 分	時間 分	時間 分	時間 分	時間 分	時間 分	時間 分	時間 分
	D-2	社内打ち合わせ	時間 分	時間 分	時間 分	時間 分	時間 分	時間 分	時間 分	時間 分
	D-3	プレゼン・提案	時間 分	時間 分	時間 分	時間 分	時間 分	時間 分	時間 分	時間 分
	D-4	再提案準備	時間 分	時間 分	時間 分	時間 分	時間 分	時間 分	時間 分	時間 分
	D-5	商標調査	時間 分	時間 分	時間 分	時間 分	時間 分	時間 分	時間 分	時間 分
	D-6	ネーミング	時間 分	時間 分	時間 分	時間 分	時間 分	時間 分	時間 分	時間 分
	D-7	パッケージ	時間 分	時間 分	時間 分	時間 分	時間 分	時間 分	時間 分	時間 分
	D-8	商品発表	時間 分	時間 分	時間 分	時間 分	時間 分	時間 分	時間 分	時間 分
	D-9	発表	時間 分	時間 分	時間 分	時間 分	時間 分	時間 分	時間 分	時間 分
E アフターフォロー	E-1	販売店フォロー	時間 分	時間 分	時間 分	時間 分	時間 分	時間 分	時間 分	時間 分
	E-2	顧客フォロー	時間 分	時間 分	時間 分	時間 分	時間 分	時間 分	時間 分	時間 分
	E-3	数字確認	時間 分	時間 分	時間 分	時間 分	時間 分	時間 分	時間 分	時間 分
F その他	F-1	その他社内会議	時間 分	時間 分	時間 分	時間 分	時間 分	時間 分	時間 分	時間 分
	F-2	食事・休憩	時間 分	時間 分	時間 分	時間 分	時間 分	時間 分	時間 分	時間 分
	F-3	会食	時間 分	時間 分	時間 分	時間 分	時間 分	時間 分	時間 分	時間 分
	F-4	その他	時間 分	時間 分	時間 分	時間 分	時間 分	時間 分	時間 分	時間 分

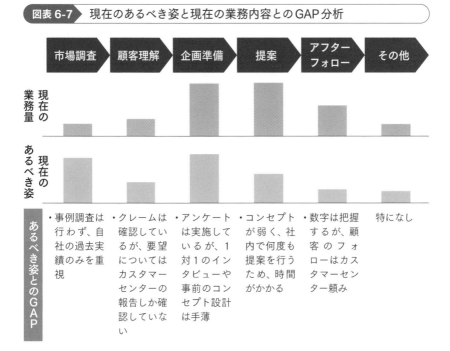

図表6-7　現在のあるべき姿と現在の業務内容とのGAP分析

分析を行っています。

　このようなGAP分析を、企画から販売までの各プロセスおよび、管理系の業務について行っていきます。

　全体を通してGAP分析を行うと、各部署でどのような業務をどのように改善するべきなのかという方向性が見えてきます。

◆ 今のGAPだけでなく5年後も同時に見据える意図

　加えて、現在のあるべき姿とのGAPを分析した上で、5年後のあるべき姿とのGAPもそこまで長い時間はかけなくとも、把握しておく必要があります。

　なぜなら、現在の業務との距離感を把握しながらも、5年毎の距離感を見誤ってしまい、結局は5年後に目指すべき先に届かないのでは、本末転倒だからです。

　そこで、図表6-8のように、図表6-7と同様の作業もしておくことをお

すすめします。

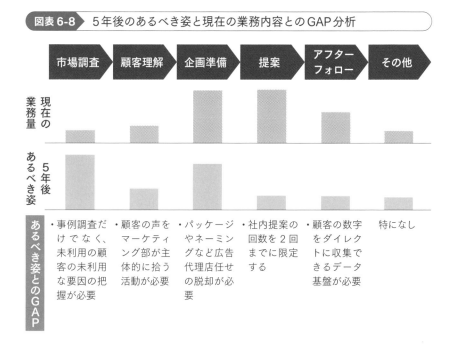

図表6-8　5年後のあるべき姿と現在の業務内容とのGAP分析

市場調査	顧客理解	企画準備	提案	アフターフォロー	その他

現在の業務量

5年後あるべき姿

あるべき姿とのGAP

| ・事例調査だけでなく、未利用の顧客の未利用な要因の把握が必要 | ・顧客の声をマーケティング部が主体的に拾う活動が必要 | ・パッケージやネーミングなど広告代理店任せの脱却が必要 | ・社内提案の回数を2回までに限定する | ・顧客の数字をダイレクトに収集できるデータ基盤が必要 | 特になし |

STEP **3**

フレームワークを活用した改革手法の立案・検討

STEP2で現在の業務と現在のあるべき姿とのGAPを把握したら、STEP3では具体的にどのようにGAPを埋めていくかという改革手法を立案・検討していきます。

図表6-7の事例では、いかに提案段階の時間を削減し、それを市場調査や顧客理解といった業務へ割り振るかという点が現在のあるべき姿とのGAPとして重要になるという内容でした。

そこで、いかにして不必要な業務を削減し、必要な業務へリソースを振り分けるのかについて体系的に改革手法を整理し、その手法に沿って、どれがクライアントにとってベストなのかをクライアントと一緒になって検討していく必要があります。

では、具体的に現状のどこに課題観があるのかを改めて整理したのが、図表6-9になります。

◆業務量と内容の2軸から現状を整理する

図表6-9では業務の量と業務の内容の2軸から、それぞれの段階の現状をプロットしています。

市場調査のプロセスは、先述の通り、業務の量自体も業務の内容も適切ではないため、左下に分類されます。

続く顧客理解のプロセスは、業務量は適量だが、業務の内容があるべき姿から見て半分程度しか網羅できておらず、不十分である。

次に、企画のプロセスは、業務量がやや過大で、かつ業務内容がやや自社視点が強く、ヒアリングのコンセプト設計が不十分である。

最も問題なのは提案のプロセスで、業務量が大幅に過大であり、その要因としては、企画案のクオリティが低いために不必要な社内調整が多いということです。

最後に、アフターフォローのプロセスでは、業務量が店舗フォローの

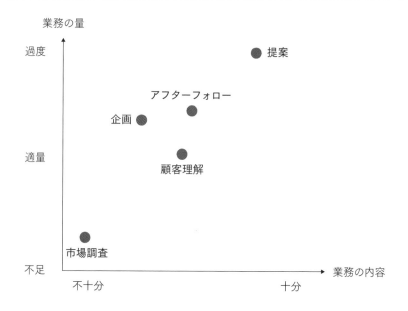

比重が高いために過大であり、一方であるべき顧客のフォローアップが
カスタマーセンター任せになっているために不十分であるということで
す。

　以上のように図表6-7の内容をより改革手法の分析に資するように整
理し直した図が図表6-9ということです。

　そして図表6-7とこの図表6-9で整理した内容をベースに、図表6-10で
各業務フェーズの向かうべき方向を書き加えていくことで、各部署・
チームで業務改革をどの方向性で行っていくのかが1枚の図で説明でき
ることになります。

　図表6-10の絵としては、すべてのプロセスで業務量が適度で、業務内
容が十分という絵を示すことになるため、矢印の向かう先は一緒だが、
各プロセスのスタート地点が異なることで、それぞれのチームで、どの
ような方針で業務改革を行うべきなのかが明らかになり、更にそれを同
じ前提条件で議論できるようになってきます。

　では、向かうべき方向性が整理され、各チームに認識されたところで、

| 図表 6-10 | 各業務プロセスの改革の方向性 |

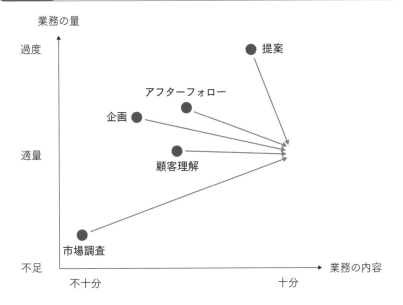

具体的にどのように業務量を減らしたり、増加させたりすればよいで
しょうか。

◆施策にはフレームワークがある

その施策を一覧化したものが、図表6-11です。

図表6-11は縦軸の業務量と横軸の業務の（内容の）充実化の両方につ
いて検討ができるようになっています。

業務量の削減については、業務自体の見直しを行うのか、それとも業
務を効率化するのかの2つの方向性から施策を検討することが可能であ
り、それぞれ3つの具体的戦術を掲載してあります。

業務自体の見直しであれば、業務自体を廃止することも可能であるし、
これまでやっていた業務を簡素化し、品質を下げるという方法がありま
す。

加えて、市場調査のプロセスでも、企画のプロセスでも行っていた顧
客アンケートを、市場調査のプロセスだけにするという非重複化という

業務量削減	業務自体の見直し	廃止	対象業務を廃止することで業務量を削減する
		簡素化	過度な品質の業務を簡素化により効率化する
		非重複化	複数チームで重複する業務のどちらかを削減する
	効率化	自動化	システムにより自動化する
		標準化	バラバラなやり方をマニュアルで標準化する
		集約	業務を一部に集約し、全体効率を上げる
業務の充実化	体制見直し	人員移動	業務削減したチームから不足チームへ移動させる
		チーム統合	業務を前後合わせておこなうことで充実化させる
		外注化	リソースが足りない部分を外部に委託する
	教育体制の見直し	OJT	社内の知見（ナレッジ）の整理・体系化を行う
		OFF-JT	外部の知見を活用し、必要な業務に時間が当たるようにする

方法もあります。

　次に、効率化については、業務自体を自動化するか、知識を共有化して標準的な作業を決めるのかという方法があります。

　加えて、複数のチームで重複していた作業を、例えばA製品の市場調査とB製品の市場調査を纏めて、市場調査チームが行うという集約という方法もあります。

　次に、業務の充実化については、体制の見直しと、教育体制の見直しの2つが考えられます。

　体制の見直しとは、①業務が削減されて人が生まれた部署から、人手が足りないために必要な業務を行えていない部署へと人を移動させる人員移動、②ある特定の業務を連続的に行ったほうが効率の良い場合にチーム統合を行う、③更には、リソースや知見が足りない場合に専門家へ外注化するという3つの法則があります。

　余談ですが、特定の業務をまとめて行ったほうが効率的である場合があるという考え方は製造業のセル生産方式において登場した考え方です。

　最後に、教育体制の見直しとは社内教育に拠って、過去の経験者など
の知見を共有・蓄積することで、過去プロジェクトや企画の失敗点など
を踏まえながら、より高い成果を挙げられるようになると考えられます。

◆注意点とセットで優先順位を付ける

　最後に、STEP4以下で具体的なアクションにつなげていくためには、
以上の11個の施策をベースに各プロセスにどの施策を適用するのがよ
いのかの仮説を、その施策の概要、注意点と共に、それぞれのプロセス
ごとに優先順位を付けて整理しておく必要があります。

　それを一覧でまとめたのが、図表6-12です。

　縦にプロセスを記載し、横に上記の施策の内容をまとめていきます。

　優先順位の付け方としては、実行までの時間とコストの兼ね合いで決
定してよいと考えます。

　それは、現段階ではあくまで仮説の段階であり、実行をしてみないこ
とには結果がわからないためです。

　この優先順位をどう付けるのかで長い間議論をしてしまうプロジェク
トがあると相談を受けたことがありますが、ここはあくまで「えいや」
と仮説で決めてしまって、実行フェーズに移ることが得策です。

　以上、この図表6-12に辿り着くまで少し長いステップが必要でした
が、図表6-12を作成することができれば、具体的な施策については網羅
的な整理ができていますので、STEP4で実行のためのステップを踏ん
でいくことができれば、業務改革を成功させることが可能です。

　余談ですが、コンサルティングの世界では、キラースライドという言
葉があります。これは、コンサルタントが作成するスライドの中でも特
に価値のあるスライドのことを指します。

　業務改革プロジェクトにおいては図表6-12がまさに目指すべき姿と
現在のGAPを踏まえた施策を整理している点で、キラースライドと言
うことができるでしょう。

図表 6-12　各業務プロセスの課題と施策・優先順位の整理

	有効な施策の仮説	施策の概要	各施策の注意点	各施策の優先順位
市場調査	人員移動	企画チームから人員移動	企画チームにノウハウがあるか	1
	チーム統合	企画チームと統合	市場調査の時間が増加しない恐れ	2
	外注化	調査会社に外注化	社内にノウハウが貯まらない	3
顧客理解	標準化	顧客の声の収集を標準化	カスタマーセンター頼みの業務にとどまる恐れ	1
企画	OFF-JT	外部研修で企画精度の向上	事前の予算獲得が必要	2
	標準化	成功した企画資料の標準化	類似企画がない場合にゼロベースになる	1
提案	廃止	社内提案回数の削減	事前の企画の完成度を上げる必要性	3
	簡素化	プレゼン時間の削減	再提案の可能性の上昇	2
	標準化	提案資料のフォーマット化	―	1
アフターフォロー	自動化	データ集計の自動化	事前の予算獲得が必要	1

業務改革の推進

　ここまで、どの業務をどのように改革していくのかについて、あるべき姿とのギャップを分析し、整理した上で、施策集をベースに、具体的な改革の方向性を整理しました。

　STEP4では具体的に業務改革を推進していくためのノウハウについて、解説を行います。

　まず重要な点は、業務改革は各部署・チームに任せきりにせず、タスクフォースで検討したほうが良いということです。

　これは1部でも解説をした内容ですが、特に業務改革においては、各部署・チームが実際には改革プロセスを経ず、今までと同じ業務を裏では行っていたということが容易に起き得ます。

　そこで、1部で紹介した業務改革を推進するタスクフォースをベースに、タスクフォースが各施策の進捗度合いを各部署・チームと確認し、経営陣とすり合わせていくことが必要不可欠になります。

　そしてそのタスクフォースには、変革型経営コンサルタントである読者と、横串で業務を理解している取締役や企画部門、中小企業であれば創業メンバーや古株社員のうち権力のあるメンバーが候補に上がります。

　もちろん、1部で紹介した様に、若手社員で参加意向がある社員を抜擢しても良いですし、改革に批判的な人を敢えて参加させる手法ももちろん有効です。

　また企業規模がそれなりに大きな企業においては、マーケティング、R&Dといった機能ごとにタスクフォースを構築し、それを経営会議で取りまとめるという方法もあります。

　実際に、日産がリバイバルプランを発表した際は、事業成長、購買、販売・マーケティングなど9つのクロスファンクショナルチームがそれぞれプランを策定したと当時の日産の説明資料に記載されています。

◆ロードマップ策定×実行モニタリングで実行する

では具体的にどのように改革を実行していくかについて、①改革のロードマップ策定と②実行のモニタリングの2つのフェーズで紹介します。

まずフェーズ①改革のロードマップ策定についてです。

図表6-13に、市場調査プロセスににおける改革ロードマップのサンプルを作成しました。

まず図表6-12で整理した施策とその注意点をベースに、その施策の論点を①～③で記載します。

まず人員移動ができるかどうかは、企画チームに市場調査プロセスを担える人員がいるかどうかが前提となるということでした。

そのため、論点①としては、企画チームの既存のスキルがどのようなものかを把握することになります。

具体的には、過去の市場調査の有無を調べ、事例がある場合はその事

図表6-13 市場調査プロセスにおける改革ロードマップ

	4月				5月				6月			
市場調査	1w	2w	3w	4w	1w	2w	3w	4w	1w	2w	3w	4w
論点❶ 企画チームの既存スキルの把握	過去の市場調査の有無および事例確認			市場調査方法の研修					市場調査への人員移動の辞令交付			
論点❷ 企画チームとの連携方法	各人員の業務量および過去所属部署の把握			チーム統合における企画チームへの影響の把握					チーム統合の可否の検討			
論点❸ 外注すべきか否かの検討					外注先の調査		外注の是非の検討					

例のタスクフォースを中心に調査することで、あるべき姿を満たすレベルかを検討します。

ここで、満たすレベルであると分かれば、その時点で改革プロセスのほとんどが終了となるのですが、実際にはそうならないケースがほとんどです。

そこで、移動する人員の足りないスキルを研修で補うことを検討します。

この研修はコンサルタント自身が行っても良いですし、外部に委託するケースでも良いと思います。近年では、動画講義なども充実してきています。また、既存の市場調査チームのメンバーも同時に受けておくことが肝要です。

この研修を経て、正式に移動が辞令交付されるという形になります。

◆同時変更で変革を実現する

しかしながら、この①の論点だけ検討していては、うまく行かなかった際のリカバリーができませんから、同時並行で②、③の論点も検討していくことになります。

②の論点は、チーム統合という施策から生じる、**企画チームとの連携方法**という論点です。

ここでは、チーム統合をした際に既存の企画チームが市場調査チームをフォローする必要が生じる可能性があることから、企画チームの現メンバーの業務量および過去の所属部署の把握を最初に行います。

なぜ所属部署を把握する必要があるかというと、市場調査チームの人員と同じ所属部署だった人員がいれば、その分チーム統合を行う際にスムーズだからという点が理由です。

そして、チーム統合を行うと、本当に企画チームの中で市場調査から行えるのかという点を確認することが次のタスクになります。

チーム統合をしても、既存のメンバーの意見が強く市場調査がおざなりになってしまうのであれば、敢えてチーム統合をする意味がなくなってしまいますし、一方でチーム統合をすることで、企画プロセスがより

スピードアップするということが明らかになれば、チーム統合をしたほうがよいという結論を得ることができます。

この結論は人員移動の前に得ておく必要があるため、図表6-13ではこの活動が先に終了する順番となっています。

最後に論点③の外注化の検討です。

本事例に置いては外注化の優先度は低く設定をしていますので、論点①と論点②の検討が本格化してから、外注先があるのか、あるとしてどのような業務を、いくらくらいのコストで請け負ってもらえるのかについて調査をしていきます。

最近では、相見積を採ることができる「アイミツ」などのWEBサービスが多数登場してきていますので、それらのサイトを活用することで、調査の時間短縮を測ることも可能です。

他にもコストを安くかつスピード感を上げたいというニーズがあれば、副業人材の活用が考えられます。

近年では優秀なマーケターやコンサルタントで市場調査のプロを副業で数時間程度から活用できる「副業クラウド」といったサービスやクラウドソーシングサイトで人材を見つけることが可能です。

業務内容とコスト、スピード感、いつも市場調査を行う必要はないことから契約の柔軟性、そして市場調査のノウハウを社内に蓄えられるのか否かといったポイントを踏まえて、外注化の有無を検討します。

その点、副業人材で、市場調査のプロジェクトに一緒に参加してくれる人材が見つかれば、社内にノウハウを蓄積することが可能なため、論点①の人員移動や論点②のチーム統合の観点からも非常に有力な施策になり得ます。

そこでこの検討は、論点②のチーム統合と同時並行で行い、論点②と論点③の結論を踏まえて、論点①の人員移動を行うか否かを検討することで、施策全体を網羅的に検討することが可能です。

本サンプルにおいては、3ヶ月を目処にスケジュールを引いていますので、意外にやることはそこまで多くないなと思われたかもしれません。

しかしながら、残りのプロセスも多数あること、および見積もりを取得したり、人材の調査を行ったり、社内調整を行うと、実際のスケジュール上では、この施策実行でぎりぎりのラインというのが筆者の感覚としてあります。

◆実行のモニタリングは4つの視点が必要

次にフェーズ②の実行のモニタリングについて紹介をします。

実行のモニタリングとは、改革のロードマップをベースに、より細かなタスクを整理し、タスクフォースがプロジェクトを成功に導くためのモニタリングを指します。

具体的なモニタリングの方法の前に、モニタリングを成功させるためにタスクフォースが持つべき視点について整理をした図表6-14をご確認ください。

まずすべてのタスクフォースで必要になるのが、責任の所在を明確化することです。

図表 6-14 モニタリングを成功するための要諦

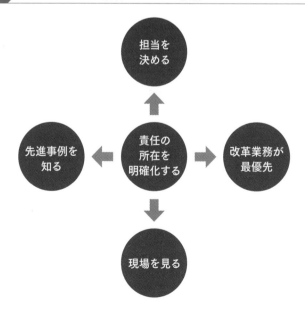

これは業務改革が成功するか、失敗／頓挫するかの最終責任を誰が採るのかということを指します。

　一般的には、タスクフォースの責任者ということですので、会社のオーナーや経営陣ということになりますが、1部で紹介したスティーブ・ジョブズやルイス・ガースナーのように、責任を誰が採るのかを明確化しておくことは、タスクフォースがプロジェクトを成功させられるか否かを大きく左右することになります。

　この責任を明確化するという行為を日本企業は嫌いがちですが、この点を明確化しておかなければ、プロジェクトが失敗／頓挫したところで、誰も責任を取らなくて良いわけですから、本気でやろうとする意思が明確に弱くなります。

　社長や経営陣の名前を掲げてプロジェクトを行うというくらいの意気込みが、まず業務改革プロジェクトには必要です。

　加えて4つの要素も重要になります。

　まずは誰がどの施策を実行するのかを明確化することです。

　こうすることで、遅れている施策があればフォローすることが可能になります。

　次に、改革業務が最優先という点については、新規事業も同じなのですが、日本企業はA業務とB業務を兼務というように、既存の業務に加えて、重要なプロジェクトも行うということがよく行われています。

　これでは、単純に時間が足らず、オーバーワークになるか、もしくはどちらかが手抜きになるという結果しか生み出しません。

　タスクフォースのメンバーに選ばれる優秀な人材ですから既存の業務から完全に手を離すということが難しいということはどのプロジェクトを行っても同様のため、既存業務よりも改革が重要という意識付けは必要です。

　このような既存とプロジェクトの間を交通整理する際にも、オーナーや経営陣の鶴の一声があれば、既存業務を管轄する責任者からしても理解を示しやすくなります。

3つ目に、現場を見ることです。

市場調査はどのように行っているのか、顧客の情報はカスタマーセンターからどのように上がってきているのか、といった現状を現場で観察することでわかることがあります。

筆者はこの現場で見るということを、既存事業の立て直しの事例でも、M&Aにおける買収企業のデューデリジェンスでも、幅広いプロジェクトで活用していますが、士業であったり、若手であったりすると現場に行くのが怖い、もしくはダサいという印象を持っている人がいるようです。

しかしながら「現場百遍」というように、改革を成功させるヒントも失敗／頓挫に陥ってしまう原因も現場にあります。「現場なくして、改革なし」というのが筆者の心情です。

◆先進事例は業務変革に置いても重要

最後に、先進事例を知るということです。

先進事例は成功の方法を知るためにショートカットであり、カンペです。

昨今では様々な業務において、WEBサイトを読むことで、先進事例を知り、クライアントに活用することができます。

例えばマーケティングであればMarkeZine（マーケジン）やマナミナといったサイトには、市場調査や企画事例が豊富に掲載されていますから、プロジェクトで参考になる事例を探し、それらを改革の中で参考にすることが可能です。

では、具体的にどのようにモニタリングを行うのかというと、タスクフォースのメンバーがサポートを行いながら、実際にチームが実践する場を用意して実行させるということです。

施策を描いて、「あとはよろしく」としておいて、「最近どう？」と困ったときだけ顔を出すモニタリングではなく、実際にタスクフォースのメンバーが現場に入っていき、新しい業務や施策を目の前で一緒に実

行していくということが必要です。

　こうすることで、実際はやっていなかったという嘘をなくすこともできます。

　また、タスクフォースのサポート方法としては、現場が推進に困る要素を取り除くこと、例えば具体的な研修のセットや人員の調査に徹し、実際にやってみるところはできる限り現場に任せてみることで、改革の抵抗を減らし、スムーズなプロジェクト推進を可能にします。

　以上の進め方でモニタリングを行いながら、施策を実行していくことで、チーム単位で「変わった」という小さな成功体験を積みながら、プロジェクトを進めていくことができます。

STEP **5**

フォローアップ／定着化

　最後に、一度行った改革が定着するようにフォローアップすることが求められます。

　これは1部でも取り上げたように、変革のプロセスには「もとに戻りたい」「前のほうがなれていて楽」という圧力が働き、元に戻ろうとする勢力が登場します。

　そこで、施策を実行し、成果が出ながらも、定期的なフォローアップと定着化を行う必要があります。

　具体的にどの程度の頻度でフォローアップを行うかですが、プロジェクトスタートの段階では週1回45分でも良いので、回数を行うことが重要です。

　この回数を重ねることによって、「きちんと見られている」という意識を与え、元に戻ろうとする圧力を減らすことができます。

　プロジェクトが3ヶ月以上経てば、隔週1時間、半年以降は月1回1時間でも良いと思います。

　とにかく、フォローアップを行い、定着化することで、動き出した歯車がもとに戻らないようにすることが重要です。

◆フォローアップではトップのメッセージが重要

　フォローアップには会議を行う以外にも、1部で紹介したように、トップからのメッセージを投げかけること、そして改革で成果を上げた人員の評価を上げ、報酬を出すことも重要です。

　トップのメッセージとしては常に「変わることが正しいこと」であることを伝え、改革によって得られた利益を還元することを伝える必要があります。

　特にオーナー系の中小企業では、このようなトップメッセージと明確なインセンティブで組織をがらりと変えられるケースが少なくありませ

ん。オーナーの影響力が強く、そのオーナーからの評価を正とする考え方が組織に根付いているケースが多いからです。

　そして、トップメッセージとセットで、実際に評価と報酬を変更します。成果を上げ、利益をもたらした人員には臨時ボーナスでも良いので報酬を与え、一方で成果を挙げられていない、改革に後ろ向きな人員は臨時の報酬0か僅少とするなどで、明確に何が正しくて何が正しくないのかを組織に浸透させる必要があります。

　加えて、タスクフォースの働きかけではなく、組織全体が自発的に改革を推進できる文化を醸成する必要があります。

　そのための手段としては、特に中小企業では、現場のメンバー主導で業務改革コンテストを行うという方法が挙げられます。

　例えばテーマを「5年後のあるべき姿を踏まえた上で、自社が行わなければならない業務改革」といったテーマで1ヶ月間アイデアと、施策をセットで検討させるという方法です。

　人員数が少ない中小企業では、一度社内で行った業務改革プロジェクトを、もう一度自分たちの手で再現することで、社内に改革の文化を刷り込んでいくという手法が有効です。

　一方で、大企業になると全社でこのような手法を行うとしても、スピード感に欠け、このプロジェクトをやる告知をするだけで、1ヶ月かかってしまったというようなことが起き得ます。

◆大企業ではタスクフォースが業務改革をリードする

　そこで大企業の場合には、部署ごとにタスクフォースを立ち上げ、そのタスクフォースがコンテストを仕切るという手法が考えられます。

　実際にモトローラが生み出し、GEが世界的に広めた品質改善手法である「シックスシグマ」では、シックスシグマ教育を受けた社員がブラックベルトという社内認定の称号を付け、全社の品質改善をリードしたという事例があります。

　営業改革の際にもご紹介したように、このタスクフォースに参加できるメンバーに社内名称を与えるということは、特に大企業においてはメ

ンバーの動きやすさを向上させるためにも有効な手段と言えます。

　中小企業と大企業ではフォローアップ／定着化の方法に違いはありますが、社内で業務改革の手を止めないためにも、自分たち事で進めるということをコンサルタントとしてサポートすることが重要です。

　余談ですが、このような話をコンサルタントになり立ての方にお話すると「私の仕事がなくなってしまうのではないか」と不安がられる方がいらっしゃいますが、むしろ定着化自体を内部だけで完結することは難しく、客観的な立場から外部でサポートする立場が新たに発生しますので、心配には及びません。

　以上、業務改革プロジェクトの推進法についてサンプル事例を活用して解説を行いました。

　次章では、多くの読者の興味・関心があり、企業変革の本丸とも言える、新規事業立案について解説を行います。

第 7 章

新規事業開発プロジェクト
推進法

新規事業開発プロジェクトにおいては、メガ
トレンドと業界課題を分析した上で、具体的な
ニーズを把握していくことがスタート地点にな
ります。具体的なニーズを事業候補領域へ広げ、
事業候補領域を2軸で分類することで、優先
順位を付けることが可能です。優先順位を付け
る際には、事業性と実現性の2軸で優先順位
を付けますが、実現性を無視した事業とならな
いように注意する必要があります。

業界を取り巻く環境変化の見立て

第7章では、新規事業開発という企業変革の中でもポジティブで、か
つ多くの企業がチャレンを目指しながらも立ち上げ方を体系化できてい
ない領域について、プロジェクト推進法を解説していきます。

既存企業がいかに新規事業を立ち上げるかについては、近年ではいく
つかの優良な書籍が出版されていますが、実際に事業で成功した事業家
目線で書かれた書籍が多く、体系的にまとまっている書籍となると、数
多くはありません[1]。

そこで本書では対象の業界は決まっているが、どんな事業をするかに
ついては特段候補がないという状況から、いかにして事業化まで持って
いくかについて、図表7-1をベースに体系的に解説を行います。

◆ 業界のメガトレンドと課題を押さえる

最初のステップは、業界を取り巻く環境変化の見立てからスタートし

図表 7-1 新規事業開発プロジェクトの5STEP

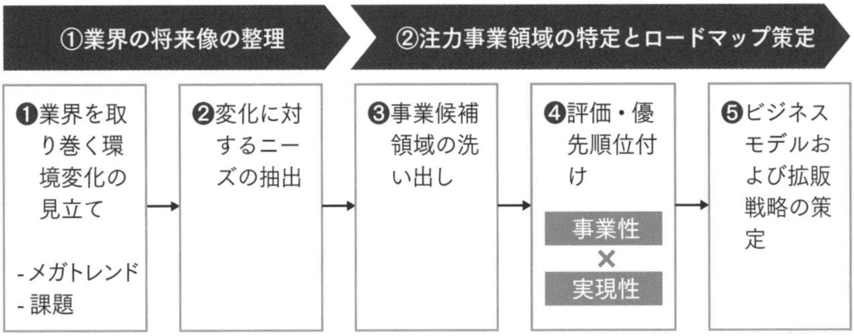

---

1 新規事業開発に特化した書籍ではありませんが、馬田隆明『解像度を上げる』（英治出版）は事業
における顧客理解という視点で優れた本ですのでご一読をおすすめします。

ます。

　ここでは、

①業界のメガトレンドの分析

②メガトレンドが生み出す業界課題を理解

していく必要があります。本章では具体的な事例として、都内の外食チェーンを題材に、解説を進めていきたいと思います。

　①業界のメガトレンドの分析については、これまで紹介してきた様に、各種統計や白書のような1次情報と業界誌や業界調査レポートといった2次情報をベースに分析を行います。

　その際、全てをゼロから丁寧に調べ直す必要はありません。業界の共通課題としてある程度の根拠を持って理解できていることについては、そのまま使用して構いません。

　一方で、「これは慣習的に言われているが本当なのだろうか」と根拠に不安がある場合には、そこにビジネスのヒントがある可能性もあるため、根拠を押さえる必要があります。

　各種の統計や1次情報を活用すると、外食業界を取り巻くメガトレンドについては図表7-2に表すことができます。

　メガトレンドは大きく分けて4つの領域に分けて定義することが良いと考えます[2]。

◆ 人口動態の変化は当然最重要

　まずいちばん重要なメガトレンドは人口動態の変化です。

　少子化・高齢化によりそもそも外食をする人自体が急速に減少していくことが明らかに飲食店チェーンにはマイナス影響と言えそうです。

2　P・F・ドラッカーは1994年に発売した『すでに起こった未来』（ダイヤモンド社）の中で、これから自社の未来を予測する方法として、①人口動態の変化、②知識の変化③他産業・他国・他市場の変化④産業構造の変化⑤組織内部の変化の5つに注目するべきであると指摘しています。ドラッカーの指摘する知識という部分については30年近い時を経て一般化しているため、本書はドラッカーの知見を土台にしながらも現代のメガトレンドを分析するための視点を追加しています。

図表 7-2 外食業界のメガトレンドの分析

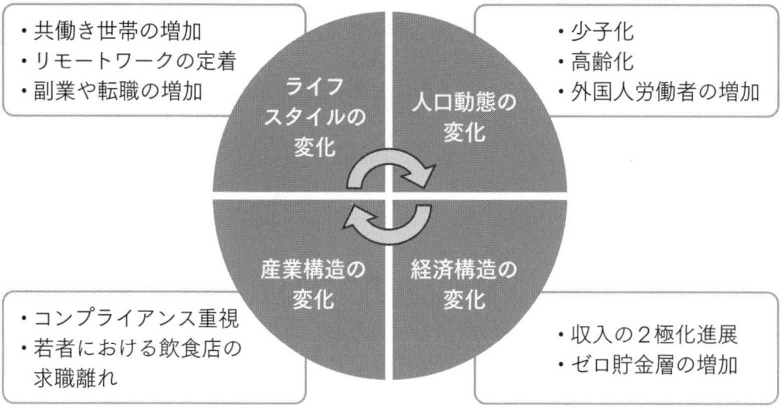

・共働き世帯の増加
・リモートワークの定着
・副業や転職の増加

ライフスタイルの変化

・少子化
・高齢化
・外国人労働者の増加

人口動態の変化

・コンプライアンス重視
・若者における飲食店の求職離れ

産業構造の変化

経済構造の変化

・収入の２極化進展
・ゼロ貯金層の増加

　ここで問題となるのは、高齢者といえば家の中で食事をするものだという思い込みが多くの人の頭の中にあるかと思いますが、高齢者は本当に外食にお金を使わないのかという点です。

　仮に高齢者でも外食にお金を使うということになれば、ここが先に述べた慣習とのギャップということになり、ビジネスのネタになり得ます。

　ここで消費実態を調査する必要が出てきます。

　図表7-3をご覧ください。

　2019年全国家計構造調査と厚生労働省の構成統計要覧のデータを合成したデータです。

　これを見ると、確かに1名あたりの1ヶ月の外食支出は30歳未満と60代上では比率としては2倍離れていますので、外食は若者の物と思われるのも無理はありません。

　しかしながら絶対額にすると5,000円程度。月に2〜3回少ない程度です。

　また厚生労働省の世帯数のデータを載せていますが、圧倒的に60代以上の世帯数が大きいため、市場規模を計算すると市場規模は2倍以上60代以上の世帯が持っていることになります。

　このデータからは、もっと高齢者に寄り添った外食チェーンはないの

世帯年齢別の1ヶ月あたりの外食支出と市場規模

年齢	世帯人数（人）	世帯消費支出額（円）	外食支出比率（%）	世帯外食支出（円）	一人あたり外食支出（円）	世帯数（千世帯）	市場規模（百万円）
20～30歳未満	1.39	168,552	9.2%	15,507	11,156	2,204	24,588
30代	2.51	222,432	7.3%	16,238	6,469	4,889	31,628
40代	2.8	254,475	6.5%	16,541	5,907	8,200	48,441
50代	2.5	283,725	5.2%	14,754	5,901	8,628	50,918
60代	2.26	258,284	4.9%	12,656	5,600	10,461	58,581
70代	2.12	225,799	3.8%	8,580	4,047	10,495	42,477

出典：総務省「2019年全国家計構造調査」、厚生労働省

かという視点を持つことができます。

またコロナ禍を明けた際に訪れる再度のインバウンド顧客増加や外国人労働者の増加という観点は上記のデータでは明らかではありません。

この点については、観光庁のデータを参考にすると、2021年の年間訪日外国人数は24.6万人となっており、2019年の3,188万と比べると、99.2%減となっています。このデータから飲食店に顧客が減っているのは明らかです。

他にも2019年の観光庁のデータによると、2019年の訪日外国人の旅行消費額4兆8135億円のうち、飲食費は21.6%となっており、1兆円近い市場がコロナで減少していることが明らかになります。

次に経済構造の変化です。

特に飲食店においては、収入の減少が外食費の減少につながるために、収入の2極化という問題と、貯蓄ゼロ世帯の増加が、中長期的な外食費の減少につながる恐れがあります。

この貯蓄ゼロ世帯の問題についても、貯蓄ゼロ世帯が増加しているから問題だというニュースを目にしますが、本当かどうか検証する必要が

図表 7-4 貯蓄ゼロ世帯の比率推移

	貯蓄ゼロ世帯比率（%）		
	2011	2016	2021
20代	30.7	45.3	37.1
30代	29.0	31.0	22.7
40代	25.4	35.0	24.8
50代	29.1	29.5	23.2
60代	23.4	29.3	19.0
70代	23.9	28.3	18.3

出典：金融広報中央委員会「家計の金融行動に関する世論調査[２人以上世帯]」

あります。

　図表7-4のように金融広報中央委員会「家計の金融行動に関する世論調査［２人以上世帯］」の各種分類別データを５年ずつ見ていくと、実は近年貯蓄ゼロ世帯が増えているという報道が多くなっていますが、実際にはその逆であり、2016年から2021年にかけて景気回復を受け、貯蓄ゼロ世帯は確実に減っていったことがわかります。

　つまり貯蓄ゼロ世帯が増えているかどうかというのは景気の問題であり、非正規社員やフリーランスなどが増えていることによる、構造的な要因ではないということです。

◆ 産業構造の変化で新しい事業機会が生まれる

　3つ目に産業構造の変化です。

　飲食店においては長時間労働や丁稚奉公的な修行が一般的でしたが、近年のコンプライアンス重視により、多くの企業で長時間労働の削減を目指しています。

　リクルートのホットペッパーグルメ外食総研が2021年に行った調査によると、コロナ前後で労働時間の短縮を経営課題に掲げた企業は

11.9%から18.1%まで増加しています。

　また、数年ときには十数年も丁稚奉公をしなければ一人前と言われなかった職人気質な業態においても段々と改善傾向にあります。

　しかしながら、若者はコロナ禍に加えて労働環境が過酷な飲食店で働きたいとは思っていないようです。

　リクルートの調査によると、正社員の希望職種として、フード業界は2019年の12.0%から2021年には8.9%と3.1%希望者が減少しています。

　またアルバイトについてもマイナビが2022年に発表した「大学生のアルバイトに関するレポート」接客業を避けるようになったという声も17.1%も見られます。

　このように、業界全体として働き手を如何に確保するかは、今後も重要な課題となりえます。

◆ ライフサイクルの変化はお金の流れを変える

　最後にライフスタイルの変化です。

　共働き世帯の増加やテレワークの増加によって、外食自体を控える傾向が飲食店業界のメガトレンドになりつつあります。

　2020年の総務省家計調査によると、共働き世帯が増加すると、非常にわずかですが外食費が増える傾向にあります。

　妻の収入が8万円以上の正社員世帯では月の外食費が15,908円に対して、妻が専業主婦の家計では月の外食費が13,170円となり、月に2,700円程度の差ですが、外食1回分の差が生じているからです。

　テレワークについては慶應義塾大学大久保敏弘研究室とNIRA総合研究開発機構が2021年10月に発表した「第5回テレワークに関する就業者実態調査」の統計を見ると、東京都が実施率55.2%に対して地方圏では23.5%となっており、本ケースの都内の飲食チェーンにおいては、テレワークは外食が減少することに繋がり得ると言えます。

　以上4つのメガトレンドを元に、②外食業界の今後の業界課題を整理していきます。

　図表7-5はそれぞれのメガトレンドを元に、業界の課題を具体化したものです。

　人口動態の変化の項目からは、主に顧客層の開拓に関する課題が上がっています。

　経済構造の変化の項目からは、景気変動により所得および貯蓄金額が上下することが統計上明らかになったため、いかに店舗出店での固定費を圧縮するという点が課題になると言えます。

　産業構造の変化の項目からは、元来外食業を下支えしてきた若年層の人材をいかに呼び戻すのか、もしくはそれ以外の層を獲得するのかという人材採用および育成・維持の観点が課題となります。

図表 7-5　外食業界の業界課題

	メガトレンド	今後の業界課題	詳細
人口動態の変化	少子化	従来の顧客以外の開拓	既存顧客のパイは減少していくため新規客が必要
	高齢化	高齢者層の開拓	パイが大きな高齢者層が未開拓
	インバウンド	インバウンドへの対応	今後V字回復するインバウンドへの対応
経済構造の変化	貯蓄ゼロ世帯増	景気変動への対応力	店舗数拡大による固定費を圧縮する
産業構造の変化	コンプライアンス	労働環境整備	これまで働き手であった若者層の人材を呼び戻す
	人材不足		
ライフスタイルの変化	共働き世帯増	女性顧客開拓	外食システム自体の検討
	テレワーク増	新領域の開拓	中食・デリバリーの強化

最後にライフサイクルの変化の項目からは、共働き層の増加やテレワークの増加により、外食自体の利用シーン自体が変化しており、従来のランチや飲み会需要といったニーズ以外の利用をどれだけ促せるのかという課題が生じていることがわかります。

　以上のメガトレンドと業界課題をベースに、次節以降でいかに変化のニーズを捉えて、新規事業の芽を捉えるのかという点について解説をしてきます。

STEP **2**
変化に対するニーズの抽出

　本節では、前節で整理したメガトレンドと業界課題をベースに、外食業界における変化とそれに対するニーズを整理していきます。

　具体的には、図表7-6を見てください。

◆ニーズはマクロと現場の2つで把握する

　まず一番左の列にメガトレンドおよび業界課題を踏まえたニーズの潮流を記載します。ニーズの潮流とは、統計やデータを元にトップダウンでニーズを整理したものですので、具体性が欠けています。

　次に、一番右の列の足元でのニーズを記載していきます。

　ここでは、業界事例やニュースなどをベースに、足元で外食業界や他産業に訪れているニーズの変化を記載していきます。

図表 7-6　ニーズの潮流および変化のニーズの導出

メガトレンドと業界課題踏まえたニーズの潮流	ニーズ	足元でのニーズ
顧客層の開拓	・若年層向けのセルフサービス店舗 ・高齢者向けの間食系サービス店舗 ・インバウンド向けの EC サービス	・セルフサービスのニーズは高い ・高齢者はカフェ利用など積極的 ・インバウンド顧客の旅後へのアプローチが可能
新業態の展開	・営業時間限定の店舗運営 ・メニューを絞った店舗	・コロナ禍でランチ時間帯や飲み会時間以外が分散 ・他と違う特別感のあるメニューはニーズが有る
人材の採用から定着	・人材シェアリングサービスの展開 ・SaaS サービス展開 ・人材教育サービスの展開	・採用力のある企業は貸す側に ・生産性向上へのニーズが増加 ・営業系などで定着サービスが好調

例えば、顧客層の開拓については、一部をセルフサービスにすること
でコストを下げながら、価格に見合ったメニューを提供することで成長
している企業があります。

　焼き肉ライクは商品を取りに行くところから、お酒のオーダーもセル
フサービスにすることで、3分以内に商品を提供。わずか650円から焼
き肉セットが食べられるというコンセプトで忙しいビジネスパーソンや
学生などをターゲットに展開をしています。

　2018年8月に1号店をオープン以降、2022年10月時点で92店舗を展
開しています。

　高齢者をターゲットとした店舗としては、すかいらーくグループ創業
者の横川竟氏が手掛ける高倉町珈琲はゆったりした店内空間と接客重視
の店舗経営で年齢層の高い顧客からの支持を集め、2022年10月末時点
で、37店舗を運営するコーヒーチェーンに成長を遂げています。

◆インバウンド顧客には自国でも日本の味を思い出させる

　他にもインバウンド顧客の旅中（旅行中）だけでなく、旅行後（旅後）
にも立ち寄った飲食店の味を楽しんでもらえることができれば、顧客数
を拡大することができます。

　実際にインバウンド向けのECなどにはパウチや冷蔵でお店の味を自
宅でも楽しめるサービスが流行しています。

　また新業態については、18時から24時まで営業する夜パフェの
GAKUなど時間帯やメニューで特別感を出すことで、差別化に成功す
る企業も登場しています。

　人材面については、これまで人材の採用を重視していた企業の中でも、
人を集めることができる企業は、人材をシェアリングすることで固定費
を変動費化するだけでなく、人材から収益を生み出すことが可能です。

　他にも外食企業の中で経営が得意な企業は、自らの経営経験をベース
に、外食店向けのDXツールを提供している企業があります。

　先述したホットペッパーグルメ外食総研のデータによると、コロナ禍
で現場の業務効率アップを目指している企業は12.1％、業務負荷軽減を

目剤している企業は11.7%、経営数値管理の強化を目指している企業は7.7%となっています。

　三重県の伊勢参宮で食堂経営していた経験を元にDXサービスを提供するEBILABや、都内を中心に飲食店チェーンを展開する経験を元にDXサービスを提供するTEAL Technologiesなどが登場してきています。

　このように、具体性の欠けるニーズの潮流に対して、足元のニーズは具体的ですので、この2つを組み合わせて、具体的なビジネスのニーズを真ん中の列に記載することになります。

　すると、顧客層の開拓については、若年層向けのセルフサービスを軸としてサービス、高齢者のカフェ利用などを重視したサービス、インバウンドの旅後を狙ったECサービスをニーズとして上げることができます。

　次に、新業態については、固定費を減らしながら売上を最大化するために営業時間を限定したり、メニューを限定したりするなど、工夫を凝らす点にニーズがあります。

　最後に人材面については、人材のシェアリング提供や、労働の効率化を重視したDXサービスにニーズがあると言えます。

　以上の顧客ニーズを次節以降で事業候補領域を絞り込んでいきます。

STEP **3**

事業候補領域の洗い出し

　顧客ニーズを列挙したあとは、事業候補領域を抜けもれなく洗い出していきます。

　なぜならニーズからの検討では漏れていた事業候補領域を拾い上げる必要があるからです。

　最初に、どのように収入を挙げるのかについてのモデルを大枠で整理していきます（具体的なビジネスモデルについてはSTEP5で議論します）。

　ビジネスモデルのパターンについては様々ありますが、図表7-7に一般的なビジネスモデルをベースに外食チェーンの売上についてまとめました。

◆ **事業モデル×ステークホルダーで事業領域を広げる**

　まず横軸には事業モデルについて記載をしていきます。

図表 7-7　外食業界におけるビジネスモデルのパターン

		事業モデル				
		飲食店（本業）		ソリューション提供		
		顧客層拡大	業態開発	BPO	人材	IT
ステークホルダー	自社単独	・若者層向けセルフ飲食店展開 ・高齢者向けカフェ展開 ・食品EC	・固定費の少なく差別化出来る小店舗運営	・メニュー開発の受託 ・調理受託	・人材提供（業務委託）	・DXソリューションの提供
	複数社	・取り寄せECプラットフォームの立ち上げ	・小売等との共同店舗開発	・総合BPOプラットフォーム	・人材シェアリングプラットフォーム	・共同型DXソリューション

　本事例では大きく分けて本業の飲食業とソリューション提供という2つに分けています。

　ソリューション提供という軸が実質的には新規事業を示しているのですが、新規事業というのは事業のモデルではないので、①既存の飲食業（顧客に飲食を提供して収入を得る）モデルと、②ソリューション提供の2つに分けています。

　ソリューション提供は、外食業のボトルネックである営業時間と座席数の2つを検討せずとも売上を挙げることが出来るので、新規事業として有効な手段といえます。

　更に飲食業については、ニーズをベースに顧客層の拡大と業態開発の2つに分けており、ソリューション提供はBPOと人材、ITの3つに分けています。

　ソリューション提供を3つに分けた理由としては、固定費を下げるというニーズを汲み、他の飲食業から業務の一部を受託することができるのではないかという視点からBPOを組み込み、人材とITはニーズをベースに作成しています。

　次に縦軸は、自社単独でサービスを提供するのか、それとも他社を巻き込んで複数社で提供するのかという2つの軸があります。

　複数社で提供するサービスについてはイメージがつきにくいかもしれませんが、楽天のようなECサービスでは、プラットフォームの運営企業の楽天以外にも出店企業が多数参加しているために価値があると言えます。ふるさと納税サイトのさとふるなども同様です。

　他にも、商品を共同購入したり、商品を共同配送したりといった形で近年の企業は単独のビジネスだけでなく、複数社が組み合わさることで価値を向上させたり、コストを下げたりすることが一般的になりつつあります。

　以上の2つの軸を整理したら、先程のニーズをベースに、それぞれの項目に記載していきます。

　自社単独の顧客層拡大の3つの事業については、ニーズに記載したも

のと同じ内容を記載していますが、複数社の欄については、取り寄せECプラットフォームという内容を記載してあります。

これは自社単独でECサイト等で食品を販売するというECサービスだけでなく、自社が複数社をまとめてインバウンド向けのECサービスを展開するという構想です。

周りに仲間がいないという企業でも、地域で特産品を集めて展開するというアイデアがあり得ます。

次に自社単独の業態開発については、時間帯やメニュー展開を限定した小規模店舗運営を挙げています。

一方で複数社の欄にはメーカーや小売企業などとタッグ組み、複数社の強みを生かして共同店舗を運営するという手法があります。

原料メーカーが原料を提供し、小売企業が空いたスペースなどを提供することで、それぞれの特徴を活かし、一方で外食業界のコストの大文を占める材料と不動産費用を削減することが可能です。

その対価としては例えばこの店舗については複数社の共同投資にするという手法や、利益を分配する方式（プロフィットシェア）を取る方法のどちらも一般的です。

ソリューション提供のBPOでは、自社単独の視点として、メニュー開発の受託と調理の受託という2つの事業内容を挙げています。

メニュー開発の受託については、メニュー開発が得意な企業がコンビニエンスストアやスーパー等と共同でメニュー開発を行うケースと、他社の飲食店にメニュー提供を行うという2つの受託の方式が考えられます。

この2つの受託形式については、企業側で発生するコストや追加投資、場所等は最小限でありながら、契約方式にもよりますが、売上に応じた成果報酬が得られる形態となっていれば、人気メニューとなれば大きな収益を生み出すことが可能です。

一方で、そもそも論としてメニュー提供をする価値のあるブランドを保持していないとこの事業のスタートラインに立つことができないため、

参入の難易度は高くなります。

◆ BPOは大変だがニーズがある

　次に調理の受託については、セントラルキッチン方式で他社のメニューの調理と冷凍を一手に担う方法もあれば、最近ではウーバーなどのデリバリー商品専属で調理の受託を行う企業も登場しています。

　この受託形式では、実際に調理場が必要になるため、メニュー開発の受託と比べるとリスクが生じますが、メニュー開発のように特定のブランド力などがなければ提供できないものではないため、投資余力があれば参入は容易になります。

　複数社については、総合受託プラットフォームと抽象的に記載しています。

　筆者のイメージとしては、複数社で得意領域を持ち寄って、それぞれが餅は餅屋でサービスを提供することができるのではないかというイメージです。

　例えば採用の電話の受発信のコールセンター業務と面接が得意な企業もあれば、従業員の教育・定着が得意な企業、店舗運営が得意な企業、コスト削減が得意な企業、給与計算が得意な企業など店舗経営における業務の中で、得意な領域を持つ企業がノウハウを出し合うことで、プラットフォーム外の顧客から業務を受託するというビジネスが考えられるのです。

　次に人材の自社単独の視点としては、ニーズの際に記載した通り、余剰人員を業務委託などで他社に人材供給するという事業が考えられます。

　人材派遣とすると派遣法の免許が必要になるため、業務委託で特定の業務だけを企業の指示の元で行うという業務委託形式のビジネスモデルがコストメリットも高くなっています。

　一点注意点としては、引き抜き行為を禁止するために、業務委託人材が転籍した場合に6ヶ月分の業務委託費用を払う旨の記載を契約書に行い、合意しておく必要があります。

　複数社の場合は、人材のプラットフォームが考えられます。

人を複数社で出し合いながら、他社にも提供することで、オープンな人材のシェアリングを提供していくことが可能になります。

似たようなサービスとして、副業人材のマッチングプラットフォームのタイミーが超短期の人材マッチングプラットフォームを提供しています。

タイミーはコロナ禍で多くの企業の業績が良くない中でも、事業は安定的に推移しており、130億円オーバーの資金調達を2022年11月に行っています。

◆ DXソリューションには販売と業務管理の2軸がある

最後にITにおける自社単独の視点として、DXソリューションの提供が考えられます。

DXソリューションは先述した通り、店舗経営を効率化したりする領域に既存の外食企業が参入してきているという事例を紹介しました。

既存サービスはEBILABやTeal Technologiesのように過去の受注データや経営数字のデータ化/見える化が出来る管理システムを提供している企業もあります。

一方でDXソリューションとしては、例えば外食業向けのマーケティングツールを開発することも考えられます。

外食業は顧客獲得にポスティングやSNS、各種飲食サイト、Google Mapなど複数のチャネルを活用していますが、それぞれどの経路からどのくらいの効果を得られているのか、マーケティング費用を投資する価値があるのか、という視点で数字を把握できている企業は多くありません。

そこで、各種データの取得および登録ができ、チャネルごとのマーケティング効果を検証できるサービスは、自社の効率化につながるだけでなく、他社にも外販ができ、かつ月額で安定的に収益を獲得できる可能性があります。

このDXソリューションを複数社の協力で共同型DXソリューションとして提供することも考えられます。

　例えばスーパーの業界では、複数社のPOSデータを取りまとめて、メーカーに販売するシステムが人気を博しています。スーパーからすると他社の販売動向を一部ですがカテゴリごとに見ることができますし、メーカーは実際にどこの企業がどのくらい、どこのスーパーから販売できているかというデータは喉から手が出るほど欲しいデータです。

　飲食の業界では、飲食店が仕入れのデータを登録すると、それが複数社の食品卸にデータが届き、仕入れの提案をもらえるというクロスマート社のプラットフォームが登場しています。

　クロスマートが2022年4月に公表したデータによると、2020年年初からわずか2年間で2万店舗が利用するプラットフォームに成長しているということです。

　このクロスマートのサービス以外にも、共同仕入れのプラットフォームなど仕入れに関する共同型DXプラットフォームが登場してきています。

　一方で、先程のマーケティングデータをスーパー業界のように複数社のデータを統合して提供したり、顧客の満足度調査を共同型DXソリューションとして提供したりして、顧客属性に応じて、どのような顧客にどのような商品・サービスを、どの程度の価格で提供すると満足度が変化するかといった、より顧客に近い領域での共同型DXソリューションには差別化余地があると言えます。

　以上のように、ニーズを洗い出した段階では曖昧で、具体的なサービスの提供方法が曖昧だったものが、図表7-7のようにビジネスモデルのパターンを横軸と縦軸でわけ、それぞれの領域にビジネスモデルを記載していくことで、もれなく事業領域候補を洗い出すことが可能となります。

　このビジネスモデルのパターンについては、各業界によって異なりますが、ソリューション提供の方法についてはいくつかのパターンに類型化できます。

　本節の最後に図表7-8としてソリューション提供のパターンをご紹介します。

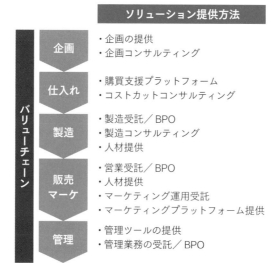

ソリューション提供方法

バリューチェーン		
企画	・企画の提供 ・企画コンサルティング	
仕入れ	・購買支援プラットフォーム ・コストカットコンサルティング	
製造	・製造受託／BPO ・製造コンサルティング ・人材提供	
販売 マーケ	・営業受託／BPO ・人材提供 ・マーケティング運用受託 ・マーケティングプラットフォーム提供	
管理	・管理ツールの提供 ・管理業務の受託／BPO	

◆バリューチェーンの整理でソリューションのパターンを見極める

　ソリューション提供のパターンとして、対象業界のバリューチェーンごとにどのようなソリューションを提供できるか、という視点からスタートすることが重要です。

　企画の領域であれば、メニュー提供のように企画自体を提供することも可能ですし、企画のコンサルティングを行うというソリューションが考えられます。

　仕入れの領域であれば、購買支援のプラットフォームを提供することも可能ですし、コスト管理が得意な企業であれば、そのノウハウ自体をコンサルティングとして提供することが可能です。

　製造領域であれば、製造自体を受託することに加えて、品質や製造管理方法のコンサルティング、人材提供といったソリューションも考えられます（顧客の不満を見つけ、製品を製造するという視点は本業の方で検討することになります）。

　販売・マーケティングの領域であれば、営業やマーケティング自体を

受託することに加えて、製造のように人材提供も考えられますし、プラットフォームを提供することも可能です。

　最後の管理の領域はデータ分析ができるプラットフォームの提供がありますが、コールセンターや経理、システム、総務など一定の領域で業務受託することも可能です。

　以上のように、バリューチェーンごとにソリューションを検討することで、様々な業界で活用することが可能です。

STEP 4

評価・優先順位付け

ここまで事業領域候補を幅広く検討してきました。

本節では前節で検討した10個の事業領域候補を評価・優先順位付けをし、絞り込んでいくステップになります。

絞り込みを行うための軸としては、事業性と実現性の2つの軸を活用します。

事業性とは、事業を成り立たせるほどの売上をあげられるのかという視点であり、実現性はそれを自社で実現できるリソースがあるのか、という視点になります。

ここで事業性をどのように評価するのかという観点が重要になります。

多くの企業で事業性イコール市場規模と捉える傾向にあるのですが、筆者はそのような漠然とした数字は事業性の評価には不向きであると考えています。

すなわち、実際にどのくらいの企業が数・金額として買ってくれるのか、という地に足のついた数字として事業性を理解する必要があります。

この点について、ベンチャー企業の世界では、図表7-9のように自社の事業性を3段階で整理する考え方が一般的になってきています。

まずTAM（Total Addressable Market）とは、市場規模全体を指しています。

すなわち、ある市場でシェア100％を獲得することができれば達成される数字です。しかしながら、市場には様々なニーズを持つ顧客が存在するため、シェア100％を実現することが難しいのはご認識のとおりです。

ベンチャー投資の世界ではTAMが100億円を切るビジネスは投資対象として市場が限定的になるため投資しづらいという考え方がありますが（例えば、アニス・ウッザマン『スタートアップ・バイブル』（講談社））、投資家から資金を得るのでなければ、TAM自体の大小を気にす

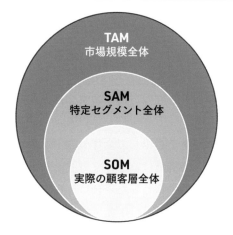

る必要はないと筆者は考えます。

　次に SAM（Serviceable Addressable Market）と、企業があるサービス対象領域において実現可能な市場規模です。

　例えば、法人向けサービスで大企業向けや中小企業向けといった顧客セグメントを設定する場合や、アパレルで高価格帯や低価格帯といった顧客セグメントを設定した場合、その顧客セグメント内で実現できる最大の市場規模が SAM になります。

　SAM の数字は、顧客セグメントごとに数字が異なるため、どのセグメントを狙うべきなのかを検討するためには活用できる数字ですが、この数字も特定のセグメントでシェア 100% を取る必要があるため、数字が大きくなりすぎます。

　最終的にクライアントともに分析するべきなのは、実際にアプローチが可能な市場規模である、SOM（Serviceable Obtainable Market）ということになります。

◆ SOM は統計と顧客インタビューの 2 つで具体化する

　では SOM をどのように計算するかについて、次に問題となります。

　計算手法としては、統計データやアンケートを軸とする計算方法と、

実際に顧客インタビューなどを行って計算する方法の2つの方法があります。

　筆者はこの両方を使用して、SOMを計算する必要があると考えています。統計データやアンケートだけでは、顧客の顔がわからずに本当にその市場があるのかを理解することが困難ですし、顧客インタビューだけでは、市場全体がどの程度の規模なのかを把握することが難しいためです。

　そこで、まずはデータを活用して全体の数字を概算で把握し、その数字を顧客インタビューで裏付けるという方法が効果的です。

　例えばメニュー提供をするとした場合に、提供したメニューの販売数が10万食で、商品単価が700円、1食当たりのマージンが5%だとした場合、350万円が売上ということになります。

　日経クロストレンドが公表した2021年のベストヒット商品のデータによると、有名ラーメンチェーンの一蘭のカップ麺が半年で400万食を販売しているため、このデータを元に、一蘭ほどの知名度がない企業をベースに試算をしています。

　これを見ると、メニュー提供自体からの売上はかなり小さいものですが、10万食のうち、10人に1人が興味を持ち、そのうち5人に1人がお店を訪れたとしたら、5,000人の顧客増になります。

　試食やサンプルなどを配ったことのある企業であれば、そこで得た顧客インタビューや顧客の声を元に、5人に1人という数字を変更することでより正しい計算が可能になります。

　仮に店舗での顧客単価を1,500円とすると、750万円の売上向上につながるため、短期的に1,100万円の売上につながったことになり、この1,100万に対するコストはほとんどかかっていません。もちろんリピーターも一定数獲得できることから累計では数千万円の売上に繋がりそうです。

　このように、データと顧客インタビューを軸に、各事業のSOMを概算で計算していくことで、市場規模のデータではない、現実的な事業性

の評価を行うことができます。

◆本当にお金を払ってまで欲しいサービスか

またDXソリューションであれば、それを必要とする企業について実際に顧客インタビューを行い、どの程度の月の予算があるのか、現状はどのようにしていて、お金を払ってまで解決したいのか？というより顧客の課題に根ざした視点でSOMを計算する必要があります。

多くのITシステムは、漠然と欲しいと言いながらも、それを導入するために、既存の業務を変更したり、追加投資をしたりするとなると躊躇する企業が非常に多いためです。

例えば、飲食店は全国に40万店あるといわれていますが、ほとんどは小規模店舗であり、月数万円を払ってまで、システムを必要としていない可能性が高くなります。

すると、対象となるのは中規模～中堅クラスの飲食チェーン店となり、対象店舗数が数万店舗に限られます。

その中で、お金を払ってまでそのようなサービスを導入したいという企業が10社に1社とすると、対象は数千店舗にまで減少します。

すると1店舗月2万円課金した場合に、5000店舗対象店舗があるとすると、SOMは月1億円、年12億円ということになります。

以上のように、1つ1つのデータを統計や顧客の声を聞きながら検証することは、ニーズがあるだろうと、「えいや」で新規事業に飛び込んでいくよりも遥かに冷静に事業の見極めが可能です。

事業性を評価したら、実現性も評価する必要があります。

実現性は大きく分けて、①リソース、②タイミングの2つの観点から評価します。

まず、①リソースとは、自社に実現する資金、人材があるかという視点です。

実現するために多額のお金が必要だったりするなど、特別なノウハウが必要な場合には、実現性は低くなります。

次に②タイミングとは、なぜいま自社が参入するべきなのかという視点です。

その事業が魅力的に映ったとしても、他社がすでに複数参入していたりする場合や、逆にまだどの企業も参入してなかったりする場合には、タイミングが誤っていることがあります。

特に後者の場合、本当にその事業にニーズが有るのかを改めて顧客インタビューなどで確認する必要があります。

誰もやっていないという事業には、それをやっていない理由があるためです。

誰もやっていないという理由を含めて、今その事業に参入することがベストだと考えられる場合には、実現性は高くなります。

上記のような事業性と実現性を評価し、図表7-10のようにまとめていきます。

図表7-10のデータはサンプルですので、実際には1つ1つ手を動かして試算していただきたいと思います。

図表 7-10 各事業の評価・優先順位付け

		事業モデル				
		飲食店（本業）		ソリューション提供		
		顧客層拡大	業態開発	BPO	人材	IT
評価軸	事業性	2億円	3千万円	1億円	1千万円	12億円
	実現性	中	高	中	中	低
	総合評価	◎	△	○	△	○

◆ 実現性は定性評価で十分

　横軸には図表7-8と同様に事業モデルを入れ、縦軸には評価軸として、事業性と実現性、総合評価という3つを記載しています。

　事業性についてはSOMを計算したものを記入し、実現性については、評価をする際には具体的にどのリソースが活用なのかを明確にすることが必要ですが、定量的に示すことは難しいため、自社がリソースとタイミングの観点で実現できそうかを3段階で評価するようにします。

　最終的に事業性の大小と実現性の大小の2つを元に、全体評価と優先順位付けをすることになります。

　すると本事例では、顧客層拡大が事業性で年2億円程度の売上見込まれ、かつ実現性としては高いために総合評価を最も高くしています。

　次に、BPOについてはメニュー開発で数千万円程度に加えて、その他の受託事業で同じ金額を得られるという試算で事業性を年1億円と評価しています。また実現性についても、ターゲットとする顧客への営業がうまく行けば、実現の難易度は高くないと考えられます。

　最後にITですが、事業性は12億円と高いものの、実現するまでの必要なコストやリソースが必要ですが、事業が立ち上がった際の事業へのインパクトは大きいため、総合評価では、BPOと同じ評価としています。

　業態開発や人材は事業性が小さく、あえて新規事業として投資を行う必要はないと考え、評価は一番下としています。

　以上のような評価をベースとして、3つの領域について詳細なビジネスモデルと拡販戦略を次節で検討していきます。

ビジネスモデルおよび拡販戦略の策定

　前節では、事業性と実現性の2つの軸を利用し、10個の事業領域候補を顧客層拡大、BPO、ITの3つの事業領域に絞り込むことができました。

　そこで本節では、3つの領域について①詳細のビジネスモデルと事業を拡大するための②拡販戦略について検討していきたいと思います。

　まず①詳細のビジネスモデルについては、事業領域候補で検討したビジネスモデルをより具体化していきます。

　その際に活用することができるのは、ビジネスプレイヤーを図解し、そこにサービスと収益の流れを記載していくことです[3]。

　この図解を活用することで、どこから、いくら、どのように収益を得るのかという点を感覚ではなく、具体的に把握できるようになります。

　図表7-11をご確認ください。

　まず顧客層の拡大については顧客から飲食代を受け取り、メーカーや卸に材料費を払うという一般的な飲食事業をベースとしていますが、図解を利用することで、別の収益源を得られないか、という視点を得ることができます。

　例えば、本事例でターゲットとしている高齢者やインバウンド顧客などが集まる場所であれば、そのような顧客をターゲットとしたい別の企業を連れてくることで、その企業からタイアップ費を稼ぐことができます。

　これは第1部で学んだ補完的生産者の考え方を活用した、ビジネスモデルの組み立て方です。

　他にもメーカーの商品を顧客にサンプルとして配り、サンプル費を稼ぐというビジネスモデルも考えられます。

3　具体的な記載方法を学びたいという方は、近藤哲朗『ビジネスモデル2.0図鑑』（KADOKAWA）をご一読ください。

図表 **7-11** 飲食ビジネスのビジネスモデル

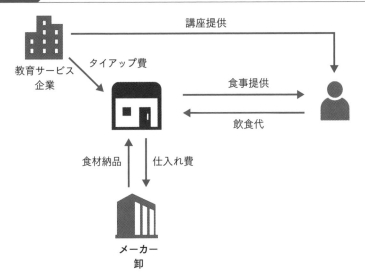

このビジネスモデルの肝は、いかに飲食費以外で収益を挙げられるのかという点になります。

先に述べたように、飲食ビジネスは営業時間や座席数の課題がありますし、飲食ビジネスは上場企業であっても営業利益率が低くなるため、飲食提供以外に利益拡大の肝があるためです。

◆ BPOでは成果報酬が鍵

次にBPOについては、図表7-12をご確認ください。

BPOについては、業務を受託し、その受託内容やボリュームに応じた受託費用を得るという単純なビジネスモデルです。

しかしながら、受託ビジネスだけを展開していると、事業の拡大とともに人員数が必要となり、採用費や人材のマネジメントが必要となるため、コストが上がり、収益性が下がりがちです。

そこで、例えば業務に必要なシステム企業のシステムを他社に紹介し、導入が決定されたら成果報酬を得るというビジネスモデルであれば、投資を行わずとも収益を挙げられるようになります。

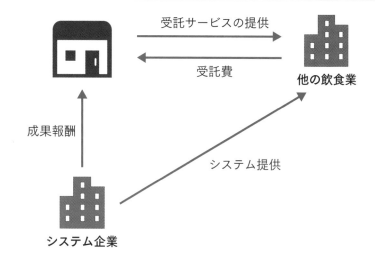

　会計ソフトや労務ソフト、マーケティングシステムなどの企業ではこのようなパートナー制度を導入している企業が多数ありますので、BPOにシステム紹介という収益源を加えることで、ビジネスモデルをより堅牢にすることができます。

　最後にDXプラットフォームについては、図表7-13をご確認ください。

　DXプラットフォームについては、企業の規模や店舗数に応じて月額費用を得るというビジネスモデルが一般的ですが、より重要になるのは利用ユーザー数が増え、このシステムがないと困るという状態を作り上げることです。

　そのため、一定のデータ量や項目までは無料で閲覧できるが、それ以上になると追加費用が必要となるという2段階のビジネスモデルを活用することがベストであると考えられます。

　加えて、飲食店にサービスを展開したいと考えている他業界の企業（例えば税理士法人や食品卸など）の広告をシステム上に掲載し、広告費を得るというビジネスモデルも設計が可能です。

　この広告費についてもユーザー数が増えることで、価格が上がってきますので、短期的に有料サービスを提供するよりも寧ろ、無料と有料を

図表 7-13 DX プラットフォームのビジネスモデル

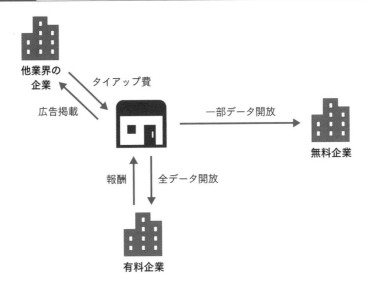

組み合わせた方が、中長期にビジネスモデルがより堅牢になると言えます。

◆拡販戦略は 3 つのステップで考える

以上のように詳細なビジネスモデルを設計したら、具体的にどのように拡販を行うのかを検討していきます。

この拡販戦略については、

①ターゲットの設定

②リスト化

③顧客アプローチ

の 3 つのステップで検討していきます。

①のターゲットについて、3 つの事業で見ていきます。

飲食事業については、タイアップを提供してくれる企業のターゲットが必要になります。これは来店客の趣味や志向に沿ったサービスを提供している企業がターゲットになります。

例えば高齢者であれば、習い事やガーデニングといった趣味のサービ

スを提供している企業が該当するでしょうし、インバウンド顧客であれば、両替などの金融ソリューションから、日本語教育といった語学まで幅広く検討ができます。

　BPOについては、依頼顧客と、システム提供企業の2つのターゲットを設定する必要があります。

　依頼顧客は、自社と類似の規模感かそれよりもやや小さい企業をターゲットに、小さくスタートし、何がうまくいき、何がうまくいかないかを早めに検証することが肝要です。

　一度うまくいき始めれば、自社よりも大きな企業や、より小さな企業を多数獲得するというスケール化が可能になるためです。

　システム提供企業は、②にとも関連しますが会計や労務、マーケティングといった領域でシステム提供企業のリストが提供されています。

　例えば、BOXIL SaaSというWEBサイトには多くのシステム企業がまとまって掲載されていますのでこちらを確認いただくのが早いと考えます。

　最後にDXプラットフォームについては、顧客と広告提供企業の2つのターゲットが考えられますが、広告提供企業はある程度プラットフォームが大きくならなければ、獲得することができないため、顧客だけをターゲット設定することで足ります。

　この顧客については、店舗数だけでなく座席数や顧客単価を食べログなどで把握することで、より詳細な売上を把握することができ、企業の投資余力がどの程度あるかを把握することも可能になります。

　店舗数については、1〜2店舗、3〜5店舗、5〜10店舗、10店舗以上などで分類することが可能です。

　仮に店舗系のビジネス以外で顧客を分類する場合には、売上規模で分類するといった方法が一般的です。

　次に②リスト化についてです。

　現在有料・無料で様々なリストサービスが提供されていますが、筆者が有用であると考えているデータは有料になりますが、FORCAS社の

データです。

FORCAS社のデータには定量的な財務データだけでなく、企業の特性についての情報が非常に詳細に記載されているため、提供するサービスがその顧客のマッチするのかという点をより詳細に把握しながら、リスト化をすることができます。

FORCAS社のデータは150万社のデータを保有しているため、小規模企業や個人事業主などのデータはありませんが、日本全国の3分の1のデータを保有している、優れたデータベースです。

◆ 顧客アプローチは4手法存在

最後に③顧客アプローチについてです。

顧客アプローチ方法については、営業とマーケティングの2つに分類され、営業は自社営業と紹介の2つに、マーケティングはマス広告とWEB広告の2つにさらに分類されます。

自社の営業ではすでに知っている企業であれば容易ですが、コロナ禍において飛び込み営業などは難しくなっているため、紹介を活用するか、マーケティングを活用する必要があります。

マーケティングについては、マス広告とWEB広告の2つがありますが、よりエリアを絞った顧客にサービスを提供する場合には、チラシやDMといったマス広告が有用ですし、幅広いユーザーにサービスを提供する場合には、WEB広告が安価にスタートできるため有用です。

また、WEB広告については、GoogleやFacebook、Instagramがありますが、Googleは全般に対応できますが、Facebookはより年齢層の高いユーザー、Instagramはより年齢層の若いユーザーに向いている広告手法となります。

昨今では、デザインを重視する製品やサービスにおいて、Pintarestというサービスの広告を活用するケースも増えて行っています。

クライアントのターゲットとする顧客に応じて、どの広告手段が有用になるかは異なるため、顧客にあった広告手段を採用し、まずは少額から複数の広告文を活用して、テストをすることから始め、徐々に成果の

上がる広告に投資予算を振り分けることが重要になります。

　以上のように、ビジネスモデルを設計し、ターゲット顧客を設定し、ターゲットリストを整理し、そしてそのターゲットを適切なチャネルで獲得するという一連の流れで、拡販を行うことがリスクを最小限にしながら、売上を最大化していくことが可能です。

　ここまで新規事業プロジェクトの推進方法について解説を行いました。

　最後に、組織変革プロジェクトの推進方法について、解説を行っていきます。

第 **8** 章

組織変革プロジェクト
推進法

組織変革プロジェクトでは、4つのステップで進めていきます。他のプロジェクトと同様にあるべき姿の定義からスタートしますが、組織のフレームワークであるカルチャーと 3S をどの様に変化させるのかを検討することがプロジェクトの一丁目一番地です。

　変革を実現するためには組織の巻き込みを行うために、変革チャネルを設計した上で、評価と改革を継続するカルチャーづくりが重要です。

STEP 1
あるべき姿の定義

　前章では新規事業プロジェクトの推進方法についてについて解説を行いましたが、本章では組織変革プロジェクトの推進方法について取り上げます。

　組織変革というと様々なテーマが挙げられますが、近年多くの企業が課題を抱えているのは、いかにイノベーティブで新しいことにチャレンジする組織に生まれ変わるかという課題です。

　しかしながら多くの企業は第3章で紹介したように、3Sを変えなければ、カルチャーだけを変えることは難しいにもかかわらず、社員にイノベーティブになるための講座を受けさせたり、社員交流を増加させてイノベーションを起こさせるようにしたり、他社とのオープンイノベーションを推進するコミュニティを構築したりしようとしています。

　そこで本章では、1部で紹介したフレームワークをベースにしながら、組織変革プロジェクトの推進方法について、図表8-1をベースに体系的に解説していきます。

図表8-1　組織変革プロジェクトの推進の4STEP

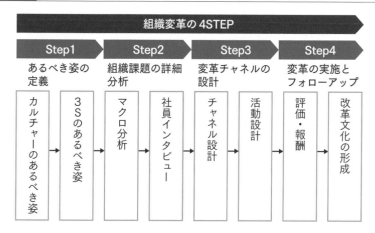

◆組織フレームワークによるあるべき姿の定義

　最初のSTEPは営業改革や業務改革のプロジェクトと同様にあるべき姿の定義を行う所からスタートをします。

　組織変革プロジェクトにおいては、第3章で紹介したフレームワークをベースにあるべき姿を定義していくことが必要です。

　1点注意が必要なのが、簡単に変えられないが、本来変えるべきカルチャーの部分から、あるべき姿を定義していく必要があるということです。

　なぜなら、最終ゴールである「イノベーティブな組織」、「新規事業が闊達な組織」を作るためには、その姿からバックキャスティングで、あるべき3Sを定義しなければ、目の前で組織構造や制度を変えたとしても、ゴールにたどり着かないという点は、他の変革プロジェクトと同様だからです。

　そこで、最初のスタート地点は「イノベーティブな組織」、「新規事業が闊達な組織」とは具体的にはどのような組織なのか、という点を言語化することからスタートします。

　この点が、すでにどうするべきかがある程度明確になっている営業改革や業務改革とは異なり、組織変革プロジェクトの難易度が高い要因になります。

　したがって、このあるべき姿を言語化すること自体に3ヶ月や半年といった期間が必要な場合もありますが、このステップをおざなりにしてしまうと、先のステップに進んだとしても、結局は「こういう姿を求めているのではなかった」と、手戻りが発生するだけでなく、コンサルタントの信頼度も減少しかねません。

　ですから、最初のあるべき姿の定義に時間がかかることを前提に、プロジェクトをスタートすることが必要です。

　では、具体的にどのように定義を行えばよいかというと、どのような組織になりたいのかを定量化して示すことです。

　例えば、抽象度の高い「イノベーティブな組織」という状態を、今後

会社の5年後の売上を拡大させるような、今までにない新しい事業の種を社内から年1つは事業化するという状態と定義することです。

　他にも、「新規事業が闊達な組織」という状態を、現場社員から今までにない事業アイデアが毎年10個提案され、その中から1個は事業化し、その利益を全社に還元する状態と定義することも可能です。

　以上のように、誰が、何を、なぜ、いつまでに、どうやって実現する組織なのかを、5W1Hで整理していくことで、組織のあるべき姿を明らかにすることができます。

　この定量化されたあるべき姿が定義された後、具体的にどのようなカルチャーを目指すのか、どのような3Sを設計するのかという視点でプロジェクトを推進していきます。

　「新規事業が闊達な組織」という状態を事例とし、具体的な例を図表8-2に作成しました。

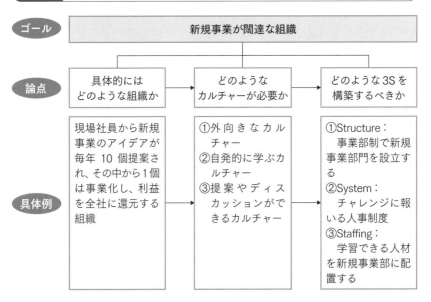

図表8-2　新規事業が闊達な組織を実現するカルチャーと3S

ゴール	新規事業が闊達な組織		
論点	具体的にはどのような組織か	どのようなカルチャーが必要か	どのような3Sを構築するべきか
具体例	現場社員から新規事業のアイデアが毎年10個提案され、その中から1個は事業化し、利益を全社に還元する組織	①外向きなカルチャー ②自発的に学ぶカルチャー ③提案やディスカッションができるカルチャー	①Structure：事業部制で新規事業部門を設立する ②System：チャレンジに報いる人事制度 ③Staffing：学習できる人材を新規事業部に配置する

◆ カルチャーでは課題を言語化・具体化を行う

　カルチャーについては、具体例として挙げられた「現場社員から新規事業のアイデアを10個提案する」ことを実現するためには、どのようなカルチャーになる必要があるか。

　10個の中から1個を事業化するためには、どのようなカルチャーになる必要があるか、という2つを軸に具体化を進めていきます。

　ここでは、多くの企業で課題として挙げられる内向きの社員、自発的には学習をしないカルチャー、提案やディスカッションよりも既存業務を粛々と進めることが正しいカルチャーという課題を念頭に、
①外向きのカルチャー
②自発的に学ぶカルチャー
③提案やディスカッションができるカルチャー
という3つを目指すべきカルチャーとして定義しています。

　最後に、このカルチャーを実現するためには3Sの各要素をそれぞれどのように変更する必要があるのかについて、具体化を進めていきます。

　①Structureについては、事業部制にし、新規事業を行う専門部署もしくは子会社を作ることで、既存の事業とは別権限で事業化ができる組織を構築するということです。

　また非公式組織として、新規事業のコンテストを開催することがあります。

　リクルートやサイバーエージェントなどが代表的な事例ですが、社員が新規事業に積極的になるために、新規事業を提案したり、ディスカッションをしたりすることを自由にできる非公式組織を構築することはカルチャーの体現において重要になります。

　②Systemについては、図表8-2にはチャレンジする人に報いる人事制度と記載していますが、具体的には2つの内容で人事制度を変革する必要があります。

1つ目に、目先の収益だけで評価をしないということです。新規事業は当然ながらしばらくの間は利益が出ません。そのため、特に大企業を中心に既存事業は利益がでているから賞与が大きいが、新規事業は利益が出ていないから賞与が少ないということがあります。

しかしながら、新規事業は将来的な収益の柱を作る活動のため、目先の利益で評価することはできません。

したがって、既存事業と新規事業で評価と報酬をどのようにセットするかということを検討する必要があります。

大企業では、既存の人事制度とのバランスが求められるために、子会社を活用するという手法も現実的です。

実際に、筆者が関与していたある大企業のプロジェクトでは新規事業チームには目先の賞与が少ない代わり、事業の成長とともにインセンティブが大きくなるという、既存組織ではできない大胆な人事制度を導入、実現しています。

2つ目に、自発的な学習を促すからには、その対価を用意する必要があるということです。

ただ学習しましょう、その時間は時間外労働ですとすると、専門職は別として学ぶ組織にはなりません。

そこで、例えば課題図書を読んだり、参考事例を学習したりしてレポートを提出すると、評価に＋1点というようなインセンティブを付け、学習することが会社に貢献し、自身の評価にもつながるということを明確化する手法が考えられます。

このように、新規事業ができる組織に変革するためには、System を変更するということが重要になります。この点は度々、人事は変革の旗印だとお伝えしてきたことと同意です。

◆新規事業にふさわしいのは成長志向型人材

③Staffing については、新規事業を担当する人材をどのように配置するのかという問題が重要になります。

この点については、やりたいと手を挙げた社員を投入する、売上を挙

げたいから営業の若手エースを投入するという考え方があります。

　しかしながら、昨今の研究の中で、新規事業に向く人材がどのような人材かが明らかになってきています。

　立教大学の田中聡助教は、中原淳教授との共著である『「事業を創る人」の大研究』（クロスメディア・パブリッシング）の中で、新規事業に向く人材は「成長志向型の人材」であると指摘しています。

　成長志向型の人材とは、成長に意欲的で、コツコツ、転んだとしても1歩1歩進んでいける人材であり、業績達成への意欲が高いかどうかは新規事業の業績に影響しないというデータを示しています。

　その理由として田中助教は、成長志向型の人材は、常に自身の能力を向上させようとする志向があり、チャレンジをしたり、学習をしたりすることが得意であるため、売上も顧客も、はたまたアイデアもまだ曖昧な段階から1歩1歩進んでいくことができるということを指摘しています。

　ただし、その1歩1歩は一匹狼ではダメで、周りを味方に出来る人であり、失敗経験から変わっていける人であるという追加条件があります。

　そのような社員は人材豊富な大企業でもなかなかいないと思われがちですが、筆者が中小企業から大企業まで幅広くコンサルティングをして感じるのは、中小企業だからこのような人材がいないということはありませんし、大企業だからたくさんいるということもありません。

　数の問題ではなく、探し方の問題だと筆者は考えています。

　成長志向型の人材は既存事業のエース社員というよりは寧ろ、成績は並で、勤勉なタイプだったり、重要事業ではない事業にいたりします。

　ですので、このようなタイプの人材がどこにいるのかを突き止め、発掘することもプロジェクトを成功させる重要な要因になるため、経営者や人事部との情報連携が必要になります。

　またこのような人材を誰がマネジメントするのか、という問題も生じます。

　この点については、事業責任者は専任で置くもしくは社内で権力のある取締役が担当し、新規事業を1度でも経験した事がある人を上司に置

くという方法がベストです。

　このように人材配置を行うことで、新規事業を実際に立ち上げ、成長していく可能性を最大化することができます。

　以上のようにあるべき姿から目指すカルチャー、そして3Sについて順にどのように変革するのかについて解説を行いました。

　次節ではこのゴールに対して現状がどのようになっているかの現状分析を行います。

STEP **2**

組織課題の詳細分析

　前節で明らかになったゴールに対して、現状はどのようになっているかを明らかにする必要があります。

　そのためには、カルチャーと3Sについてマクロ的に課題を明らかにしていくことと同時に、現場社員へのインタビューをし、ミクロ的にも現状の課題を詳細に明らかにしていきます。

　具体的には、図表8-3に分析のフレームワークを記載しています。

　カルチャー分析については、社員の具体的な行動習慣やマインドや口癖、社員が何を重視しているのかという点を明らかにしていきます。その際には、具体的にどのような状況で生じたのかということも言語化しておくことをおすすめします。

　マクロ的に課題を調査する場合には、経営陣や事業責任者を中心にヒアリングをすることで、どのような行動を重視しているのか、例えば目の前のことには興味があるが、それ以外のことには興味がないということを明らかにしていきます。

　マインドや口癖についても前向きな考え方や口癖が多いのか、それと

図表 8-3 組織課題の分析フレームワーク

カルチャー分析		・社員の行動習慣 ・社員のマインド／口癖 ・社員が重視する要素
3S	Structure	・業務の配分 ・日常活動での課題 ・非公式組織の現状
	System	・評価制度の課題 ・報酬制度の課題
	Staffing	・新規事業担当者の組織内状況

も後ろ向きな考え方や口癖が多いのかということも、経営陣や事業責任者の感覚で十分ですので、言語化、整理していきます。

　最後に、社員が重視する要素についてです。これは社内での政治が重要なのか、それとも業務外での生活が重要なのか、といった点です。

　これらも社員がどのような思いで業務に携わっているのかという点を理解する上で重要な要素になります。

◆ 3Sでは業務量を変化させる

　次に3Sについてです。

　Structureについては、業務量および業務の内容について調査を行います。日常のオペレーションに関する業務がどの程度あるのか、それは部署や事業ごとに異なるのか、という点です。

　なぜなら日常のオペレーションで手一杯の社員が大勢いては、新しいことにチャレンジするための学習の時間や心の余裕も持てません。

　そのため、その業務量と業務内容について明らかにしていく必要があります。

　Systemについては、人事制度、特に評価制度や報酬制度という変革の重要な要素について調査を行います。

　経営陣は特に実際の評価制度や報酬制度がどのようになっているのかを理解していないケースもあるため、ここでマクロ調査と同様に、経営陣の認識を明らかにしていくことも、変革を行う上で実は大きな価値があります。

　評価制度や報酬制度の何が問題なのかを把握するためには、変革に関与する重要メンバー全員が現状を正しく理解していることが必須条件になるためです。

　評価制度は、どのような状態で昇進昇格していくのか、それはチャレンジする人に報いるものなのか、それとも長年働いていれば昇進昇格できるのか、という点が特に重要です。

　報酬制度は、どのような要素で昇給および賞与が決まるのかという点が重要です。

最後にStaffingについては、先述した成長志向型の人材がどの程度いるのかという組織内状況を把握する必要があります。

　次にここまでの内容をミクロで社員にインタビューをする場合には、幅広い年次と役職、部署の社員にヒアリングを行っていくことで、組織の現状について包括的な理解をすることができます。

　ヒアリングは1on1で行い、1名当たり20分〜30分程度で十分ですので、数を行うことをおすすめしています。

　またヒアリングで得た情報については不利益に活用しないことはもちろんのこと、その内容をプロジェクトメンバー以外には口外しないことが重要です。

　なぜならその情報が社内に漏れるということがわかってしまうと、インタビューを受ける側も正確な情報を伝えようとしなくなってしまうからです。

　このような現状分析をマクロ・ミクロの視点から行ったのちに、現状とあるべき姿とのGAPを分析し、GAPを埋めるための施策について検討します。

　図表8-4を見てください。

◆ GAPと施策を一覧化する

　先程整理した4つの領域について、現状と、あるべき姿とのGAP、そしてそれを解決するための施策をセットで記載しています。

　カルチャー分析の場合には、カルチャーが外向きになっていないため、新規事業のアイデアを生み出すための情報がないというGAPがあり、そのために、学習を促進する仕組みが必要であるということになります。

　具体的には、3Sの変更が必要になるということになりますが、新規事業に関する非公式な組織の設立、外部の勉強会、Eラーニングを学習するとインセンティブを得られる制度をStructureやSystemの部分で設計する必要があるということです。

　Structureの場合には、新規事業を促進するための組織制度がなく、既存の組織の中でなんとか新規事業を生み出そうとしている状態である

> **図表 8-4** あるべき姿とのGAP分析と施策

		現状	GAP	施策
カルチャー分析		• 社内向けの政治が多い • 過去の話をしている社員が多い • 勤務は真面目	• 外や先を見て新しいことに取り組むための情報が不足	• 外の情報を取り、新しい情報を入手する仕組みを構築する
3S	Structure	• 新規事業向けの部署はない • 新規事業の非公式はない	• 新規事業を促進する組織体制が構築されていない	• 新規事業向け組織の設立
	System	• 昇格には年次が重要 • 成果での報酬・賞与の比率が小さい	• 昇格・昇給・賞与がチャレンジを報いる制度ではない	• 新規事業組織でのチャレンジに向く制度を創設する
	Staffing	• 新規事業に向く成長志向型人材は数名いる	• 成長志向型人材に人材は一定数存在	• 成長志向型人材を新規事業組織に抜擢する

ため、施策としては、新規事業向けの公式・非公式な組織を設立する必要があります。

　Systemでは、新規事業にチャレンジする人が報われる制度がないということです。昇格昇給の条件に、チャレンジする人も同等かそれ以上に評価されるように設計する必要があり、また積極的に外を見たり、学習を行う人材にインセンティブを提供したりする必要があります。

◆既存事業に浸かりきっていない若手を抜擢する

　最後に、この事例においてはStaffingには大きな問題ないため、配置の問題だけを記載していますが、実際には成長志向型の人材が見つからないということもあり得ます。

　そのような場合には、若く、既存事業での業務歴が短い人材を抜擢することが有効です。

なぜなら、既存事業に長く在籍していると、既存の事業を効率的に運営するスキルは上がる一方で、新しいことに0からチャレンジする意欲が減少していることが多いためです。

　そこで、若く、まだ既存事業に浸かりきっていない人材を抜擢し、0から事業を作ることを任せてみることがありえるのです。

　以上のように4つの要素について、あるべき姿とのGAPと、それに対する施策案を検討したら、変革チャネルを設計するステップに移ります。

変革チャネルの設計

　前節までで、現状とのGAPと改善の施策案を設計しました。

　本節ではこの施策を実行するための変革チャネルを設計していきます。

　この変革チャネルには、

①戦略設計

②活動設計

の2つの設計が必要になります。

　まず①戦略設計とは、変革を実現するための戦略を指します。

　具体的には施策設計、変革を実現するチーム設計、社内のコミュニケーション方法の設計、の3つを指します。

　まず、施策設計については、先程検討した施策案を具体化する作業を指します。

　施策案を具体化するとは、図表8-4の事例では、新規事業を促進する公式・非公式な組織という施策案を具体的に、どんな組織を（What）、何の目的で（Why）、誰が管掌し（Who）、どのように行う組織（How）なのか、を定義していきます。

　これを具体化すると、図表8-5のようになります。

◆ **公式組織と非公式組織をセットで変化させる**

　公式組織としては、新規事業推進部などの専門組織を設け、権限と独立性を与えることで、新規事業を推進しやすくします。そのためには、新規事業の担当役員と専任部長が管掌し、コンテストなどで提案されたアイデアを実現する企画構築から実行までを推進する部署を設立するというところまで具体化します。

　非公式組織としては、新規事業コンテストを立ち上げ、新規事業のアイデアを社員が提案する場所を構築することで、外を見たり、新規事業

	公式組織	非公式組織
What	新規事業推進部	新規事業提案コンテスト
Why	新規事業を推進するための権限と独立性を持つ専門組織が必要	新規事業のアイデアを考え、提案する組織カルチャーの醸成
Who	新規事業の担当役員と専任部長	コンテストの運営組織
How	アイデアの実現する企画から実行の推進	新規事業のためのアイデアを広く募る

のアイデアを考え、提案するカルチャーを実現したりすることを目指します。コンテストの運営組織としては、会社の公式組織ではないため、専任部署や経営企画などではなく、運営組織を別に立ち上げます。

　以上のように、施策案を4つの視点で具体化していくことで、明日から実行することができるようになります。

　また、新規事業のための制度や報酬としては、前述の通り、新規事業をチャレンジするメンバーは事業の業績が低くとも、減給や賞与減少の減少をしないことや学習には例えば1回数千円のインセンティブを別途設けるという施策が考えられます。

　成長志向型の人材を新規事業に配置するという施策は、誰をいつまでに、どのくらいの期間新規事業に配置するかを決定することが求められます。

　ただしこの場合は本人、人事部、現在所属する組織との調整が必要になるため、それぞれの状況をヒアリングし、すこし時間をかけ、丁寧に施策を検討、提案していく必要があります。

◆ **チーム設計では複数のタスクフォースとサポート組織を巻き込む**

　次に、チーム設計については、変革案を実行するチームの設計を行います。

3Sに関わる要素については影響が後半に及ぶため、変革チームだけでなく、複数のチームを巻き込んで、全社的に活動を行う必要があります。

そのためには、1部や業務改革の章でも登場したように、タスクフォースを活用することが肝要です。

今回の事例では3Sの要素にそれぞれ施策があり、Structureには公式組織と非公式組織で2つの施策があるため、最低でも4つのタスクフォースを用意しおく必要があります。

更には、カルチャーの体現やカルチャーの変革を現場でサポートするタスクフォースを組織することも理想的です。

このタスクフォースは、現場では実際にどのように考え方や業務方法が変わっていっているのか、新規事業のアイデアを生み出すような活動に時間を使えているのか、使えていないとしたらどのようにしたらいいのかという情報を吸い上げ、書くタスクフォースに情報提供をするためのタスクフォースということになります。

3Sのタスクフォースには、経営陣や人事部、経営企画、タスクフォースに興味のある中堅社員などのチームが目指すタスクフォースの姿に合致しますが、現場でサポートするタスクフォースについては、社内で信頼されており、情報を入手することのできる社員が務めることが重要です。

能力の問題だけでなく、信頼される社員ではないと、実際の所現場ではどのように変革が推進されているのか、というありのままの情報が手に入らないためです。

最後に、社内のコミュニケーション方法の設計です。

正しい情報を正しく社内に伝えるためには、何を、何の目的で、どのタイミングで、誰が、どのように、発信するのかを事前に設計しておく必要があります。これは、無用な混乱や社内での不信感を減らすために行います。

社長や経営陣がいうべき情報なのか、それともタスクフォースが言う情報なのか、それとも各部門からの情報発信でよいのかという誰という

視点も重要ですが、それ以上に、どんな情報を、なぜそのタイミングで、どのようなトーンで伝えるかが重要になります。

なぜという視点は抜けがちですが、必要なタイミングで必要な情報を提供しなければ、社員が納得しないだけでなく、白けることになりかねません。

またその時のトーンも、常に社内に厳しい口調や鼓舞するような口調で伝えればよいというわけではなく、伝える情報とタイミングによって、トーンも変える必要があります。

このようなコミュニケーションについてコンサルタントがプロであることは難しく、また正解は何かというはケースバイケースになりますが、経営者の話し方について解説をされている樋田かおり氏の『社長の伝え方には会社を変える力がある』（青春出版社）は、経営をV字回復した事例など、何をどのように伝えるのがよいのかについて体系的に解説をされており、コミュニケーションについて経営者とともに一読されることをおすすめいたします。

◆ 活動設計ではスケジュールと情報共有を管理する

次に②活動設計です。

活動設計では、活動のスケジュール管理、情報共有の2つが重要になります。

活動のスケジュール管理とは、変革チームおよびタスクフォースの活動を四半期単位、月単位で管理することです。

業務改革とは異なり、1週間単位で成果を追い求めることは難しいため、組織変革プロジェクトの場合には四半期単位と月単位で管理することが適しています。

またスケジュール管理の中においては、誰が、何をするのかを明確化しておく必要があります。

多くの変革プロジェクトがうまくいかない要因として、誰が、何をするのかが曖昧で、責任の所在が明らかではないため、前に進まないということがあります。

　ですから、スケジュール管理の中に、誰が何をするのかまで含めて、事前に決めておく必要があります。

　次に情報共有です。

　多くの企業で情報共有となると、メールが使われていると思いますが、こと組織変革の際には、チャットツールを活用し、様々な社員が自由に意見を出したり、新規事業のネタになるような情報を共有したりする仕組みが必要です。

　近年では様々なチャットツールが提供されていますが、チャットツールに慣れていない企業は、日本企業が提供しているチャットワークが使いやすいですし、チャットツールに慣れている企業はMicrosoft TeamsもしくはSlackを利用している企業が多い印象です。

　チャットツールは誰をそのチャットグループに入れるか、そのグループで何を離すのかをきちんと事前に設計すれば、変革プロジェクトにおいて非常に有効なツールになりえます。

　組織変革というと、フェイストゥーフェイスのコミュニケーションが重要だと思われがちですが、コロナ禍の中、チャットツールは非常に有効なツールになってきているといえます。

　以上の変革チャネルの設計をしたら、最後に変化の実施とフォローアップについて解説を行います。

STEP **4**

変革の実施とフォローアップ

前節で変革チャネルを設計したことで、具体的に、どんな施策を、誰が、なぜ、どのように行うのか。その際に、どのようなチームで、どのような情報共有の方法で変革を推進しているのか、スケジュール管理や日々の情報共有までを具体的に設計しました。

この変革チャネルの設計をベースに、実際の変革活動を実施し、フォローアップをしていくことになります。

変革活動を実施する上では、もちろん当初の計画通りにいかないことも多数でてくると想定されます。

そのような場合には、設計した内容やスケジュールに固執せず、その場その場で柔軟に変更を行うことが肝心です。

途中まで進んでしまい、手戻りに思えるような場合においても、その場で納得をして、手戻りをすることは、最終的な変革を実現する上で、実は近道であることがあります。むしろ、これまで進めてきたプロジェクトが無駄になるからという理由で、納得しないタスクフォースのメンバーがいるままで前に進んでしまうと、変革の反乱分子となる社員が生まれたりするなど、成果が不十分のままになってしまいかねません。

そのため、手戻りもするし、全く異なる施策を後から実行するということも前提に、柔軟なプロジェクト運営をしていくことが求められます。

◆フォローアップはCCOがリードする

またフォローアップについては、営業改革や業務改革のように、元に戻ろうとする圧力が発生することは同様です。

社内で現場レベルのタスクフォースを用意したり、新規事業コンテスト以外にも、外に目を向けるために、他社留学といった外部交流を促すサービスと契約をしたり、副業人材を社内に入れることで、現場にも外部の視点からアドバイスや一緒に業務を行う人材を入れ、内向きになら

ないような仕掛けを用意することが考えられます。

　更には、カルチャーを良い状態でキープするために、組織カルチャーを担う CCO（チーフカルチャーオフィサー）を任命する企業も Google が導入したことをきっかけに、IT 企業を中心に、増加してきています。

　2022 年 11 月にはみずほフィナンシャルグループも CCO をカルチャー変革のために設置するというプレスリリースを出しています。

　CCO の役割は何かというと、もちろんカルチャーを体現し、よりよいカルチャーを作るために、3S を含めて何をどの様に変え、何を維持するのかということを実現していくことになります。

◆ネットフリックスを世界１としたカルチャーデック

　そのためには、カルチャーデックと呼ばれる、自社がどんなカルチャーを正しいとしているのかを明文化した資料を用意することからスタートすることが良いと考えられます。

　カルチャーデックの考え方は、ネットフリックス社の仕組みから広まるようになってきました。

　詳細はパティ・マッコード『NETFLIX の最強人事戦略』（光文社）をご確認いただきたいのですが、ネットフリックスのカルチャーデックでは下記の5つが度々強調されています。[1]

①社員１人ひとりの自立した意思決定を促し、尊重する

②情報は、広く、オープンかつ積極的に共有する

③とことん率直に意見を言い合う

④優れた人材でチームを構成し続ける

⑤ルールを作らない

　以上のように、自社がどのようなカルチャーを重視するのかを明文化しておくことで、新しく入る社員にも、既存の社員が今のカルチャーを

第8章　組織変革プロジェクト推進法

1　パティ・マッコードの「みんなが楽しく働く会社を作る８つのヒント」という動画を TED で見ることができます。日本語字幕付きで５分程度の動画ですのでより深い理解のためにご覧いただくと良いでしょう。

維持・改善し、会社のあるべき姿を実現することがより容易になります。

　仮にCCOを設置しないとしても、カルチャーデックを策定するということは非常に有効な手段だと言えます。

　以上、あるべき姿から具体的な現場レベルでのプロジェクトの実現方法まで、組織変革プロジェクトの推進方法について解説を行いました。

　組織変革プロジェクトはこれまでに解説したプロジェクトよりも遥かに難易度が高く、本書では十分説明しつくせないような課題が多数登場してくると思います。

　そのような場合でも、本書の1部および第8章で紹介した内容を元に、プロジェクトを推進していただければ良いでしょう。

　もし他にも情報が欲しいという読者には、すでにご紹介した『戦略参謀』と『経営パワーの危機』をご一読いただくことをオススメいたします。

おわりに

　本書の執筆時、コロナを第5類にするかどうかの議論がスタートしており、コロナの終わりが見えてきています。

　残念ながらコロナウイルスを変革の旗印にする必要があったのですが、リモートワークの推進とそれに関連する業務改善が30〜40%程度の企業で広がったのみで、大きな変革を起こすまでには至りませんでした。

　逆に言えば、企業にとってもコンサルタントにとっても、この契機を活かしながら、アフターコロナに向かって、企業変革をリードしていく必要があると言えます。

　そのため、本書は直接の読者としては、コンサルタントの方および今後コンサルタントを目指す方に向けて書いた書籍ではありますが、経営陣や経営企画部などに在籍されており、これから企業内で変革をリードされる方が読まれても十分に価値を感じていただける書籍になったのではないかと感じます。

　これからの日本企業において、人口減少が避けられない中で、いかに事業を成長させていくか、最低でも現状維持をするかを握る鍵は、新しいことへのチャレンジの有無であると言えます。

　リクルートの江副浩正氏が「自ら機会を創り出し、機会によって自らを変えよ」と言ったように、本書の第2部で紹介した内容は、新しい機会を活用するための手法を体系的に解説しています。

　本書の最後までお付き合いいただいた読者の皆様に、コンサルタントとして活躍するための最後のピースをお伝えすると、それは飽くなき探究心ではないかと感じます。

　コンサルタントは見たこともない業界やテーマでコンサルティングを行うケースが多数あります。筆者もバイオから機械、ヘルスケア、ITまで非常に幅広い業界で新規事業からコストカット、M&A、組織設計まで、幅広いテーマを扱っています。

　そのためにコンサルタントには飽くなき探究心が必要ではないかと感じています。

これに加えてもう1つだけ要素を挙げるとすれば、フットワークの軽さではないかと思います。

　ある論点を見つけた際に、その重要性を把握するために現場に行くことが必要だとした場合、パソコンでの調査で乗り越えようとせず、今すぐにでも現場に行く、店舗を見て回るというフットワークの軽さがコンサルタントには重要です。

　以上のことは簡単に思われるかもしれませんが、このような凡事徹底で十分差別化できるというのがこれまでの筆者のコンサルティングの経験の中で見た見解です。

　本書では日本能率協会マネジメントセンターの東寿浩氏にお世話になりました。業務に追われ、遅々として進まない筆に何度と喝を入れていただき、本書を完成させることができました。この場を借りて、御礼申し上げます。

　弊社のリサーチチームのメンバーにも過去事例のとりまとめやリサーチで協力をいただきました。

　また本書を書く中で平日の夜や土日に執筆の時間を確保してくれた妻志乃と息子凛太朗にもお礼を述べたいと思います。

　最後に、ここまで読み進めていただいた読者の皆様にも熱く御礼申し上げます。

　皆様の明日の業務が本書によって少しでも、日本企業の変革の手助けとなることを願ってやみません。ありがとうございました。

2022年12月吉日

森　泰一郎

参考文献

アダム・ブランデンバーガー、バリー・ネイルバフ『ゲーム理論で勝つ経営』日経ビジネス人文庫、2003年

稲田将人『戦略参謀』ダイヤモンド社、2013年

稲盛和夫『稲盛和夫の経営塾　Q&A高収益企業のつくり方』日経ビジネス人文庫、2007年

稲盛和夫『人を生かす 稲盛和夫の経営塾』日経ビジネス人文庫、2012年

内田和成『論点思考』東洋経済新報社、2010年

内田和成『右脳思考を鍛える』東洋経済新報社、2019年

遠藤功『戦略コンサルタント　仕事の本質と全技法』東洋経済新報社、2020年

奥泉直子、山崎真湖人、三澤直加、古田一義、伊藤英明『ユーザーインタビューのやさしい教科書』マイナビ出版、2021年

クレイトン・クリステンセン『イノベーションのジレンマ 増補改訂版』翔泳社、2001年

ゲイリー・ハメル『リーディング・ザ・レボリューション』日本経済新聞出版、2001年

ゲイリー・P・ピサノ、ロベルト・ベルガンティ「コラボレーションの原則」『DIAMONDハーバード・ビジネス・レビュー』2009年4月

近藤哲朗『ビジネスモデル2.0図鑑』KADOKAWA、2018年

齋藤嘉則『新版　問題解決プロフェッショナル』ダイヤモンド社、2010年

三枝匡『経営パワーの危機』日本経済新聞出版、1994年

三枝匡『V字回復の経営』日本経済新聞出版、2001年

清水勝彦『戦略と実行』日経BP社、2011年

ジーニー・ダック『チェンジモンスター』東洋経済新報社、2001年

ジェフ・ベゾス「たゆまぬ挑戦を生む企業文化の秘密　アマゾン・ウェイ：挑戦・顧客志向・楽観主義」『DIAMONDハーバード・ビジネス・レビュー』2008年2月号

ジェレミー・リフキン『限界費用ゼロ社会』NHK出版、2015年

ジョン・P・コッター『企業変革力』日経BP社、2002年

スティーブン・R・コヴィー『7つの習慣』キングベアー出版、1996年

高松智史『変える技術、考える技術』実業之日本社、2021年

ダグラス・A・レディ、エミリー・トゥルーラブ「「集合的野心」の力」
『DIAMONDハーバード・ビジネス・レビュー』2012年4月号

田中聡、中原淳『「事業を創る人」の大研究』クロスメディア・パブリッシング、2018年

沼上幹『組織戦略の考え方』ちくま新書、2014年

秦充洋 監修・著者／片倉健、勝木健太『未来市場2019-2028』日経BP社、2018年

波頭亮『組織設計概論』産業能率大学出版部、1999年

フェルナンド・スアレス、ジャンビトー・ランツォーラ「先行者利得の真実」
『DIAMOND ハーバード・ビジネス・レビュー』2005年8月号

バンジー・ナジー、ジェフ・タフ「イノベーション戦略の70：20：10の法則」『DIAMONDハーバード・ビジネス・レビュー』2012年8月号

パティ・マッコード『NETFLIXの最強人事戦略』光文社、2018年

ピーター・F・ドラッカー『すでに起こった未来』ダイヤモンド社、1994年

マイケル・A・クスマノ、アナベル・ガワー、デビッド・B・ヨッフィー『プラットフォームビジネス』有斐閣、2020年

マイケル・ルイス『フラッシュ・ボーイズ』文藝春秋、2014年

馬田隆明『解像度を上げる』英治出版、2022年

森泰一郎『ニューノーマル時代の経営学』翔泳社、2021年

ルイス・ガースナー『巨象も踊る』日本経済新聞出版、2002年

レスター・C・サロー『知識資本主義』ダイヤモンド社、2004年

和仁達也『〈特別版〉年間報酬3000万円超えが10年続く　コンサルタントの対話術』かんき出版、2015年

和仁達也『プロの思考整理術』かんき出版、2021年

【著者紹介】

森 泰一郎（もり・たいいちろう）
経営コンサルタント。
株式会社森経営コンサルティング代表取締役。株式会社ask technologies代表取締役。ニフティライフスタイル株式会社社外取締役。
1988年生まれ。東京大学大学院経済学研究科経営専攻卒業（指導教授・藤本隆宏）。経営戦略を研究。経営コンサルティングファームを経て、IT企業の経営企画マネージャーとして実際に業界・DX変革をリード。その後上場IT企業の取締役COO／CSOを歴任。
成長企業から大手企業向けの経営コンサルティング、新規事業開発、M&A戦略を手掛ける。
Business Insider Japan、幻冬舎ゴールドオンライン、住友生命機関誌『オーナーズアイ』、マーケティングジャーナル『マナミナ』などでニュービジネスや新規事業、マーケティング戦略などの経営動向の記事を多数執筆。
2020年8月に『アフターコロナの経営戦略』、2021年2月に『アフターコロナのマーケティング』、2021年11月に『ニューノーマル時代の経営学』（いずれも翔泳社）を執筆。共著に『建築ものづくり論』（2015年7月、藤本隆宏、野城智也、安藤正雄、吉田敏編著、有斐閣）がある。

変革型経営コンサルタントの実践教科書

クライアントの課題を解決するための思考法と提案力

2023年2月10日　初版第1刷発行

著　者——森 泰一郎

　　　　　Ⓒ2023 Taiichiro Mori

発行者——張 士洛

発行所——日本能率協会マネジメントセンター

〒103-6009 東京都中央区日本橋2-7-1　東京日本橋タワー

TEL 03 (6362) 4339（編集）／03 (6362) 4558（販売）

FAX 03 (3272) 8128（編集）／03 (3272) 8127（販売）

https://www.jmam.co.jp/

協　　　力——NPO法人企画のたまご屋さん

装　　　丁——冨澤崇（EBranch）

本文DTP——株式会社森の印刷屋

印　　　刷——シナノ書籍印刷株式会社

製　　　本——ナショナル製本協同組合

ISBN978-4-8005-9063-3 C2034

落丁・乱丁はおとりかえします。

PRINTED IN JAPAN